RÉVISION DU CODE DE PROCÉDURE CIVILE

COMPÉTENCE ET PROCÉDURE

DES

JUSTICES DE PAIX

EXAMEN

DU

PROJET DE LOI

ET

MODIFICATIONS QUI Y SONT PROPOSÉES

ACCOMPAGNÉS

Des textes actuels, des textes du projet et des textes modifiés

PAR

M. GUILBON

Juge de paix du neuvième arrondissement de la Ville de Paris.

PREMIÈRE PARTIE

De la Conciliation et de la Compétence.

PARIS

AU BUREAU DU CORRESPONDANT DES JUSTICES DE PAIX

12, RUE DES SAINT-PÈRES, 12

1869

F

COMPÉTENCE ET PROCÉDURE

DES

JUSTICES DE PAIX

EXAMEN

DU

PROJET DE LOI

COMPÉTENCE ET PROCÉDURE

DES

JUSTICES DE PAIX

EXAMEN

DU

PROJET DE LOI

ET

MODIFICATIONS QUI Y SONT PROPOSÉES

ACCOMPAGNÉS

Des textes actuels, des textes du projet et des textes modifiés

PAR

M. GUILBON

Juge de paix du neuvième arrondissement de la Ville de Paris.

PREMIÈRE PARTIE

De la Conciliation et de la Compétence.

PARIS

AU BUREAU DU CORRESPONDANT DES JUSTICES DE PAIX

12, RUE DES SAINT-PÈRES, 12

—

1869

RÉVISION

DU

CODE DE PROCÉDURE CIVILE

LIVRE PREMIER

DE LA JUSTICE DE PAIX

PREMIÈRE PARTIE. — COMPÉTENCE

CHAPITRE PREMIER

De la Conciliation.

OBSERVATIONS GÉNÉRALES

Le chapitre premier du projet qui va faire l'objet de notre examen règle, au moyen de douze articles qu'il renferme, tout ce qui concerne le préliminaire de conciliation. Le système actuel serait l'objet de modifications nombreuses et importantes.

Premièrement. — Le préliminaire de conciliation étant maintenu, même pour les affaires de la compétence des tribunaux d'arrondissement, la citation prescrite par les articles 50, 51 et 52 du Code actuel serait supprimée et remplacée par un billet d'avertissement.

Deuxièmement. — La transmission des billets d'avertissement délivrés dans ces matières et dans celles de la compétence des juges de paix, serait assurée par le chargement de la lettre substitué au simple affranchissement exigé par la loi du 2 mai 1855.

Troisièmement. — Celle des parties qui se soustrairait à l'obligation de comparaître en conciliation dans les causes de la compétence du juge de paix, encourrait une amende de 5 francs à laquelle elle pourrait être condamnée lors du jugement à intervenir sur la contestation.

Quatrièmement. — Le coût du billet d'avertissement serait porté de 25 à 50 centimes s'il est délivré dans le canton, et à 60 centimes lorsqu'il est expédié au dehors.

Ces diverses modifications nous suggèrent les réflexions qui vont suivre et que nous consignerons à la suite des dispositions auxquelles elles se rattachent.

TEXTES

Art. 48 du Code de procédure actuel.

Aucune demande principale introductive d'instance entre parties capables de transiger, et sur des objets qui peuvent être la matière d'une transaction, ne sera reçue dans les tribunaux de première instance, que le défendeur n'ait été préalablement appelé en conciliation devant le juge de paix, ou que les parties n'y aient volontairement comparu.

Art. 17 de la loi du 25 mai 1838.

Dans toutes les causes, excepté celles qui requièrent célérité, et celles dans lesquelles le défendeur serait domicilié hors du canton ou des cantons de la même ville, il est interdit aux huissiers de donner aucune citation en justice, sans qu'au préalable le juge de paix n'ait appelé les parties devant lui au moyen d'un avertissement.

Article 1er du projet.

Aucune demande introductive d'instance, excepté celles qui sont énoncées en l'article suivant, ne pourra, à peine de nullité, être portée, soit devant le juge de paix, soit devant le Tribunal civil, sans qu'au préalable le juge de paix ait appelé les parties en conciliation devant lui en la forme ci-après déterminée.

Article 1er, Rédaction proposée.

Aucune demande introductive d'instance, excepté celles qui requièrent célérité, ne pourra être portée devant le juge de paix sans qu'au préalable il n'ait appelé les parties en conciliation devant lui, en la forme ci-après déterminée, ou sans qu'elles n'y aient volontairement comparu.

En cas d'infraction à cette disposition, l'huissier contrevenant supportera personnellement les frais de l'exploit. Il pourra, en outre, être condamné, par le juge de paix, à une amende de 10 francs à 50 francs, sans préjudice des poursuites disciplinaires, s'il y a lieu. La disposition du jugement relative à l'amende ne sera susceptible d'aucun recours.

OBSERVATIONS

Lorsque le juge de paix est revêtu de la double qualité de conciliateur et de juge, même en premier ressort, son action sur les parties qui se présentent en conciliation devant lui n'est pas douteuse, et ce qui le prouve, c'est le nombre considérable d'affaires qu'il termine, soit dans son cabinet, soit même à l'audience publique au moyen d'un arrangement (1). Sous ce rapport, on ne saurait méconnaître l'immense bienfait du préliminaire qui, de facultatif qu'il était sous l'empire de la loi du 25 mai 1838, a été heureusement rendu obligatoire par celle du 2 mai 1855. Il faut donc le proclamer bien haut : à l'égard de tous les litiges sur lesquels le juge de

---

(1) Voici, en chiffres ronds, les résultats statistiques des deux dernières années pour ce qui concerne la justice de paix du neuvième arrondissement :

AFFAIRES SUR BILLETS D'AVERTISSEMENT.	ANNÉE 1867.	ANNÉE 1868
Nombre de ces affaires	9,400	10,400
Comparutions dans le cabinet	2,200	2,700
Affaires conciliées	1,500	1,700
Affaires non conciliées	700 *	1,000 *

AFFAIRES D'AUDIENCE PUBLIQUE.	ANNÉE 1867.	ANNÉE 1868.
Nombre de ces affaires	3,200	3,300
Jugements par défaut (non compar. du défend.)	1,480	1,540
Comparutions	1,720	1,760
Conciliations obtenues	570	520
Affaires restées sans suite	530 **	580 **
Jugements contradictoires	620	660

(*) Sur ces 700 ou 1,000 affaires que le juge n'a pu parvenir à concilier dans son cabinet, il en est près de moitié qui ne viennent point à l'audience. On doit en conclure que, les observations du magistrat ayant porté leurs fruits, un arrangement amiable en a été la suite.

(**) Il faut en dire autant de la généralité de ces affaires qui ne reparaissent plus, parce que les conseils du juge, à l'audience, ayant été suivis, les parties ne se représentent point.

paix serait appelé à statuer comme juge, l'essai de conciliation doit être pieusement maintenu, et l'on doit regarder comme chose excellente toute mesure qui tendra à en favoriser le développement et à faciliter l'action du magistrat conciliateur.

Mais, si l'action du juge de paix sur les parties comme conciliateur est manifeste lorsqu'il est le juge de la contestation, il en est bien différemment dans les causes qui échappent à sa compétence. L'expérience nous semble avoir péremptoirement démontré qu'à l'égard de ces causes, l'essai de conciliation n'est en réalité qu'une vaine tentative. En général, et quand il y a comparution, les parties ne viennent point elles-mêmes; ce sont des mandataires qui se présentent en leur nom et qui se bornent à demander qu'il soit dressé un procès-verbal de non conciliation.

A Paris, où les affaires de cette nature s'élèvent en moyenne à 10,000 environ par année, il en est une bonne moitié dans lesquelles le défendeur ne comparaît pas, et à peine un dixième qui se terminent par un arrangement.

En province, les résultats sont assurément meilleurs, car les statistiques constatent 43 conciliations sur 100, mais il importe de remarquer que la généralité de ces conciliations a trait à des affaires dont la valeur atteint rarement 500 francs. Or, on se demande quelle serait l'utilité du maintien du préliminaire, même en province, alors que la loi (V. l'article 13 ci-après) aura transporté du domaine des tribunaux d'arrondissement dans le cercle d'attributions des juges de paix la connaissance des actions personnelles ou mobilières jusqu'au chiffre que nous venons d'indiquer.

C'est donc surtout en nous basant sur cette extension de compétence qu'on ne devrait pas, ce nous semble, hésiter à supprimer un préliminaire qui, réellement, n'a jamais eu que fort peu d'efficacité, et qui, dans l'avenir, en aurait bien moins encore; il ne constituerait désormais qu'une vaine formalité occasionnant, au demandeur surtout et sans profit réel, des déplacements onéreux, des pertes de temps quelquefois plus onéreuses encore, des retards et des lenteurs toujours si préjudiciables à la partie qui est obligée à les subir.

Toutefois, on pourrait sans inconvénient laisser au demandeur la faculté d'employer préalablement la voie du billet d'avertissement, s'il le croyait utile; mais il s'agirait là d'une simple tentative de la nature de celle qui a lieu aujourd'hui, et à la suite de laquelle, quand aucun arrangement n'intervient, il n'est pas dressé de procès-verbal de non conciliation.

N'admettant la tentative de conciliation que dans les matières de justices de paix, nous ne pensons pas que la citation donnée sans préliminaire doive être frappée de nullité. Les pénalités édictées contre l'huissier contrevenant, par le second paragraphe de l'article 8 ci-après, sont une garantie suffisante que les prescriptions de la loi seront observées. Nous proposons donc de supprimer la disposition du premier paragraphe et de comprendre celle du second dans le présent article.

TEXTES

Art. 49 du Code de procédure actuel.	Art. 2 du projet.	Rédaction proposée.
Sont dispensées du préliminaire de la conciliation : — 1° Les demandes qui intéressent l'État et le domaine, les communes, les établissements publics, les mineurs, les interdits, les curateurs aux successions vacantes; — 2° Les demandes qui requièrent célérité; — 3° Les demandes en intervention ou en garantie ; — 4° Les demandes en matière de commerce; — 5° Les demandes de mise en liberté; celles en main-levée de saisie ou opposition, en paiement de loyers, fermages ou arrérages de rentes ou pensions; celles des avoués en paiement de frais; — 6° Les demandes formées contre plus de deux parties, encore qu'elles aient le même intérêt; — 7° Les demandes en vérification d'écritures, en désaveu, en règlement de juges, en renvoi, en prise à partie; les demandes contre un tiers saisi, et en général sur les saisies, sur les offres réelles, sur la remise des titres, sur leur communication, sur les séparations de biens, sur les tutelles et curatelles; et enfin toutes les causes exceptées par les lois.	Sont dispensées du préliminaire de conciliation : — 1° Les demandes qui intéressent l'État, le domaine, les départements, les communes, les établissements publics et les curateurs aux successions vacantes; — 2° Les demandes formées contre des personnes domiciliées hors du territoire européen de la France; — 3° Celles qui réquièrent célérité; — 4° Les demandes en matière de commerce; — 5° Les demandes formées contre plus de deux parties, encore qu'elles aient le même intérêt; — 6° Les demandes de mise en liberté, en paiement de loyers, fermages et arrérages de rentes ou pensions ; — 7° Celles des avoués et des huissiers en paiement de frais; — 8° Les demandes en vérification d'écritures, en désaveu, en règlement de juges, en renvoi, en prise à partie; — 9° Les demandes en remise ou en communication de titres ; — 10° Celles qui concernent les séparations de biens, les tutelles et les curatelles ; — 11° Les demandes contre les tiers saisis, les contestations sur les saisies, et généralement les demandes sur les objets qui ne peuvent être la matière d'une transaction ou qui sont exceptées par les lois.	Néant.

OBSERVATIONS

L'article 2 du projet n'a en réalité d'autre but que de remplacer, en le modifiant légèrement, l'article 49 du Code de procédure actuel dont les dispositions ne concernent que les affaires de la compétence des tribunaux d'arrondissement. Étant d'avis, comme on vient de le voir, que la tentative de conciliation dans ces matières ne soit pas conservée, nous proposons la suppression pure et simple dudit article.

On ne comprendrait pas d'ailleurs que, dans les causes toujours si peu importantes qui doivent être soumises au juge de paix, il y eût dispense du préliminaire, soit à l'égard des actions en paiement de loyers ou fermages, soit à l'égard des demandes en pension alimentaire, soit enfin relativement aux demandes formées contre plus de deux parties, dispense qui n'existe pas sous la législation actuelle.

En ce qui concerne spécialement les demandes en pension alimentaire, les parties défèrent habituellement au billet d'invitation, et, sur vingt affaires de ce genre, il s'en concilie de quinze à dix-huit. Or, en serait-il de même si l'action était portée à l'audience *de plano*? Il est permis d'en douter. En outre, le législateur ne doit autoriser un débat public, en pareille matière, que quand il n'a pas été possible de l'éviter.

En résumé, nous demandons que, sous ce rapport, aucune modification ne soit apportée à la législation actuelle, c'est-à-dire qu'il n'y ait dispense du préliminaire de conciliation dans les affaires de justice de paix qu'à l'égard des causes qui requièrent célérité, dispense que nous avons indiquée dans le texte que nous proposons pour l'article 1ᵉʳ.

TEXTES

Art. 17 de la loi du 25 mai 1838, modifié par l'art. 2 de celle du 2 mai 1855.	Art. 3 du projet.	Art. 2. Rédaction proposée.
.... Au moyen d'un avertissement sur papier non timbré, rédigé et délivré par le greffier, au nom et sous la surveillance du juge de paix, et expédié par la poste, sous bande simple scellée du sceau de la justice de paix, avec affranchissement. A cet effet, il sera tenu par le greffier un registre sur papier non timbré, constatant l'envoi et le résultat des avertissements; ce registre sera coté et parafé par le juge de paix. Le greffier recevra, pour tout droit et par chaque avertissement, une rétribution de 25 centimes, y compris l'affranchissement, qui sera, dans tous les cas, de 10 centimes.	Les parties seront appelées en conciliation au moyen d'un billet d'avertissement sur papier non timbré, rédigé et délivré par le greffier, au nom et sous la surveillance du juge de paix, et expédié par la poste sous bande simple, scellée du sceau de la justice de paix, avec chargement. Il sera tenu par le greffier un registre sur papier non timbré constatant l'envoi, la teneur et le résultat du billet d'avertissement. Ce registre sera coté et parafé par le juge de paix, qui le visera tous les dix jours. Le greffier recevra du demandeur, et avant l'envoi du billet d'avertissement, une rétribution de 20 centimes en sus des frais d'affranchissement et de chargement, qui seront de 30 centimes pour les billets expédiés dans le canton, et de 40 centimes au dehors.	Les parties seront appelées en conciliation au moyen d'un billet d'avertissement sur papier non timbré délivré avec la signature et sous la surveillance du juge de paix, par les soins du greffier, et expédié par la poste sous bande simple, scellée du sceau de la justice de paix avec chargement. Il sera tenu par le greffier un registre sur papier non timbré, coté et parafé par le juge de paix, et énonçant, dans des colonnes à ce destinées, le nom des parties, la date de l'envoi du billet d'avertissement et celle de la comparution, l'objet sommaire de la demande et le résultat. Le greffier recevra du demandeur, avant l'envoi du billet d'avertissement, une rétribution de 40 centimes en sus des frais d'affranchissement et de chargement, qui seront toujours de 10 centimes.

OBSERVATIONS

Le billet d'avertissement doit être rédigé et expédié par le greffier sous la surveillance du juge de paix ainsi que l'exige cet article, cela est incontestable. Mais la délivrance doit-elle aussi en être faite par le greffier ? En d'autres termes, est-ce ce fonctionnaire qui doit y apposer sa signature, ou bien ne conviendrait-il pas mieux que ce fût le juge de paix lui-même qui le revêtît de la sienne ? L'expérience a démontré que ce dernier mode serait préférable comme tendant à déterminer la comparution dans un plus grand nombre d'affaires. En outre, on serait heureux de voir disparaître cette rédaction presque ridicule du billet actuel : Au nom de M. le juge de paix, le greffier invite M..., etc., à laquelle serait substituée celle-ci : Le juge de paix de... invite M..., etc.

La loi actuelle (art. 17) exige que le registre constate seulement l'envoi et le résultat des avertissements. La disposition projetée voudrait que *la teneur* du billet y fût aussi constatée. Par *teneur* on entend habituellement *la copie*. Or, telle ne saurait être la prescription de la loi. Nous proposons de dire que le registre énoncera le nom des parties, la date de l'envoi du billet et celle de la comparution, l'objet sommaire de la demande et le résultat. C'est ainsi, du reste, que les choses ont lieu dans la pratique.

2

Notre article porte que le registre doit être visé tous les dix jours. Or, quelle pourrait être l'utilité d'une telle mesure que d'ailleurs ne prescrit point la loi actuelle? A chacune de ses audiences de conciliation, c'est-à-dire au moins une fois par semaine, dans les localités peu importantes, et quatre ou cinq fois, dans les cantons ou arrondissements dont la population est considérable, le registre des billets d'avertissement est placé sous les yeux du juge de paix, qui constate lui-même le résultat de la comparution. Ce magistrat est donc appelé à reconnaître si la tenue du registre est régulière ou s'il y a lieu de rappeler le greffier à l'exécution de la loi. Ce fréquent examen ne remplace-t-il pas avec grand avantage la formalité banale et complétement illusoire du visa?

C'est une heureuse innovation que celle consistant à faire *charger* la lettre d'avertissement. Cette mesure, qui, mieux que ne le fait le simple affranchissement, en assurera la remise aux parties intéressées, concourra, avec la sanction pénale contenue en l'article 12 (V. *infrà*), à diminuer le nombre des défaillants et à déterminer un plus grand nombre de conciliations. Toutefois, nous craignons que le coût du billet, porté de 25 à 50 et, dans certains cas, à 60 centimes, n'atteigne un chiffre trop élevé, ce qui serait de nature à paralyser certaines réclamations, surtout dans les affaires où il y a nécessité d'appeler plusieurs défendeurs à la fois.

Que si, cependant, une augmentation est regardée comme parfaitement admissible et exempte d'inconvénients, nous proposerions d'en faire profiter exclusivement les greffiers de justice de paix dont la situation est, à tous égards, si digne d'intérêt. Ce serait du moins, en attendant mieux, une légère amélioration apportée à la position de ces utiles auxiliaires de la justice.

Nous proposons de fixer le coût du billet d'avertissement à 50 centimes dans tous les cas, et à porter à 40 centimes la rémunération du greffier. Les frais d'affranchissement à percevoir au profit du Trésor continueraient d'être de 10 centimes.

TEXTES

Art. 50 du Code de procédure actuel.	Art. 4 du projet.	Art. 3. Rédaction proposée.
Le défendeur sera cité en conciliation : — 1° En matière personnelle et réelle, devant le juge de paix de son domicile; s'il y a deux défendeurs, devant le juge de l'un d'eux, au choix du demandeur; — 2° En matière de société, autre que celle de commerce, tant qu'elle existe, devant le juge du lieu où elle est établie; — 3° En matière de succession, sur les demandes entre héritiers, jusqu'au partage inclusivement; sur les demandes qui seraient intentées par les créanciers du défunt avant le partage; sur les demandes relatives à l'exécution des dispositions à cause de mort, jusqu'au jugement définitif, devant le juge de paix du lieu où la succession est ouverte.	Le billet d'avertissement sera délivré, savoir : 1° En matière personnelle et réelle, par le juge de paix du domicile du défendeur; s'il y a deux défendeurs, par le juge de l'un d'eux, au choix du demandeur; 2° En matière de société autre que celle de commerce, jusqu'à la liquidation définitive, par le juge du canton où elle est établie; — 3° En matière de succession sur les demandes entre héritiers; sur les demandes qui seraient intentées par les créanciers du défunt; sur les demandes concernant les testaments, et toutes autres relatives à l'exécution des dispositions à cause de mort, par le juge de paix du lieu où la succession est ouverte, lorsque ces demandes sont formées avant le partage de la succession.	Le billet d'avertissement sera délivré par le juge de paix compétent, aux termes de l'article 25 ci-après, pour connaître de la contestation. Il fera connaître les noms des parties, les jour, lieu et heure de la comparution, et sommairement l'objet de la demande.

OBSERVATIONS

Dans notre pensée, le préliminaire devant être radicalement abandonné dans les matières de la compétence des tribunaux d'arrondissement (V. *suprà* nos observations sur l'article 1ᵉʳ), et l'exploit de citation devant être supprimé pour les cas où les parties comparaissent sur le billet d'avertissement (V. *infrà* nos observations sur l'art. 11), il est logique de proposer que ce billet soit délivré par le juge de paix compétent pour connaître de la contestation.

Du reste, notre proposition se justifie, en outre, par cette autre considération que déjà nous avons invoquée, à savoir que l'essai de conciliation n'a réellement d'efficacité qu'à la condition d'avoir lieu devant le juge appelé à prononcer sur le litige.

TEXTES

Art. 51 du Code de procédure actuel.	Art. 5 du projet.	Art. 4. Rédaction proposée.
Le délai de la citation sera de trois jours au moins.	Le jour de la comparution en conciliation sera fixé par le juge de paix; le délai entre la date de la convocation et le jour de la comparution sera de trois jours au moins.	Le jour de la comparution sera fixé par le juge de paix. Le délai entre la date de la convocation et le jour de la comparution sera de trois jours au moins. Si le défendeur est domicilié au delà de la distance de cinq myriamètres, ce délai sera augmenté conformément aux dispositions des articles 73 et 1033 du Code de procédure civile. Il sera remis au demandeur, par le greffier, un bulletin indiquant le lieu, le jour et l'heure de la comparution.

OBSERVATIONS

La fixation du délai de trois jours établi par le présent article est empruntée à l'article 51 du Code de procédure dont la disposition est relative aux affaires de la compétence des tribunaux civils. Or, bien que, dans notre pensée, le billet d'avertissement ne doive être délivré que dans les matières qui sont du domaine de la justice de paix, puisque nous proposons l'abolition du préliminaire à l'égard des autres matières, malgré cela, disons-nous, le délai de trois jours nous paraît devoir être regardé comme nécessaire pour assurer mieux l'accomplissement de la mesure, d'autant d'ailleurs que ce délai courra, non pas seulement du jour de la remise de l'avertissement à personne ou à domicile, mais de la date de la convocation, c'est-à-dire du jour où le greffier en a fait le dépôt au guichet du bureau de poste.

Nous proposons deux additions à cet article. La première a pour but d'augmenter le délai à raison des distances, conformément aux articles 73 et 1033 du Code de procédure, lorsque la partie défenderesse est domiciliée au delà de cinq myriamètres du lieu de la comparution. La seconde addition, qui ne serait que la consécration d'un excellent usage généralement suivi dans les grands centres et notamment à Paris, consisterait dans l'obligation imposée au greffier de délivrer au demandeur un bulletin indicatif du lieu, du jour et de l'heure de la comparution.

TEXTES

Art. 6 du projet.	Rédaction proposée.
Le billet d'avertissement fera connaître les noms des parties, les jour, lieu et heure de la comparution, et sommairement l'objet de la demande.	(V. ci-dessus le deuxième paragraphe de notre article 3.)

OBSERVATIONS

Cette disposition nous a paru devoir être réunie à celle de notre article 3 (article 4 du projet) dont elle formerait le second paragraphe.

TEXTES

Art. 53 du Code de procédure actuel.	Art. 7 du projet.	Art. 5. Rédaction proposée.
Les parties comparaîtront en personne; en cas d'empêchement, par un fondé de pouvoirs.	Les parties comparaîtront hors la présence du public. En cas d'empêchement, elles seront représentées par un fondé de pouvoirs.	Les parties comparaîtront en conciliation hors la présence du public. En cas d'empêchement légitime, elles pourront se faire représenter par un fondé de pouvoirs, même, si le juge de paix le croit utile, en vertu d'un mandat purement verbal. Néanmoins, le juge de paix pourra toujours prescrire la comparution personnelle.

OBSERVATIONS

La comparution des parties en personne est un des principaux moyens d'action du juge conciliateur. Sur 100 affaires non conciliées dans lesquelles des mandataires se sont présentés, on peut, sans crainte d'être taxé d'exagération, évaluer à 60 au moins le nombre de celles qui se fussent terminées par un arrangement si les parties eussent personnellement comparu. Nous regardons donc comme extrêmement utile de n'autoriser l'usage du mandat qu'au cas d'empêchement légitime, ainsi que le fait d'ailleurs l'article que nous examinons, et, en outre, nous voudrions qu'une disposition formelle investît le juge de paix du pouvoir facultatif de prescrire aux parties de comparaître personnellement.

Dans les matières de la compétence des tribunaux civils, on comprend bien que la loi soit muette à cet égard, que le mandataire d'une partie doive toujours être porteur d'un mandat, sinon authentique, du moins écrit et revêtu de la double formalité du timbre et de l'enregistrement. Mais, dans les affaires de justice de paix, le plus souvent d'un intérêt extrêmement minime, les frais d'un pouvoir régulier égaleraient et dépasseraient même quelquefois la valeur du litige. Il est donc indispensable, croyons-nous, que le juge de paix ait le droit, quand il le croit utile, de dispenser le mandataire de l'obligation de produire un pouvoir écrit. C'est ainsi, d'ailleurs, qu'il est procédé depuis la loi du 2 mai 1855, qui a rendu le billet d'avertissement obligatoire, et ce mode n'a jamais présenté d'inconvénients.

TEXTES

Art. 17 de la loi du 25 mai 1838, modifié par l'art. 2 de celle du 2 mai 1855.	Art. 8 du projet.	Rédaction proposée.
..... En cas d'infraction aux dispositions ci-dessus de la part de l'huissier, il supportera, sans répétition, les frais de l'exploit.	La nullité exprimée par l'article premier doit être proposée avant toute défense au fond. L'huissier supportera personnellement les frais de l'exploit annulé. Il pourra, en outre, être condamné par le juge devant lequel la citation est donnée à une amende de 10 francs au moins et de 50 francs au plus, sans préjudice des poursuites disciplinaires, s'il y a lieu. La disposition du jugement relative à l'amende ne sera susceptible d'aucun recours.	(V. *suprà* l'article 1er.)

OBSERVATIONS

En examinant l'article 1er, nous avons fait connaître les motifs qui nous portent à demander la suppression de la disposition de cet article qui prononce la nullité de la citation notifiée sans l'accomplissement du préliminaire de conciliation, et par conséquent la suppression du premier paragraphe de l'article 8; quant au second paragraphe, il nous a paru rationnel de l'introduire dans l'article 1er dont il formerait la disposition finale. — V. *suprà* cet article (rédaction proposée).

TEXTES

Art. 467 du Code Napoléon.	Art. 9 du projet.	Rédaction proposée.
Le tuteur ne pourra transiger au nom du mineur qu'après y avoir été autorisé par le conseil de famille, et de l'avis de trois jurisconsultes désignés par le procureur impérial près le Tribunal de première instance. La transaction ne sera valable qu'autant qu'elle aura été homologuée par le Tribunal de première instance, après avoir entendu le procureur impérial.	Dans les affaires qui intéressent les mineurs et les interdits, le tuteur pourra, en conciliation, transiger sur la demande, pourvu qu'elle soit personnelle et mobilière et que son objet n'excède pas la somme de 500 francs. La transaction intervenue dans ce cas sera définitive, si elle a lieu avec l'approbation du juge de paix, dûment constatée au procès-verbal. En toute autre matière, la transaction faite avec l'approbation du juge de paix sera également valable si elle est ratifiée par une délibération du conseil de famille, homologuée par le Tribunal, sur les conclusions du ministère public.	(Pour remplacer l'art. 467 du Code Napoléon.) Dans les affaires mobilières ou immobilières qui intéressent les mineurs et les interdits, les tuteurs et les mineurs émancipés, assistés de leurs curateurs, pourront transiger, lorsque l'objet du litige n'excédera pas la somme ou valeur de 800 francs, et la transaction sera valable et définitive si elle a lieu avec l'approbation du juge de paix du domicile du mineur ou de l'interdit, dûment constatée par un procès-verbal. Toutes les fois qu'il y aura lieu à déterminer la valeur du litige, l'évaluation en sera faite préalablement par le conseil de famille. Lorsque la valeur de l'objet litigieux excédera la somme de 800 francs, la transaction pourra également avoir lieu, mais elle ne sera valable qu'autant qu'elle aura été préalablement autorisée par une délibération du conseil de famille, et homologuée par le Tribunal, sur les conclusions du ministère public.

OBSERVATIONS

Dans les affaires d'une importance minime, c'est une idée extrêmement heureuse de permettre au tuteur de transiger pour ses pupilles, sans qu'il soit besoin de recourir à l'emploi de cette multitude de formalités si gênantes, si coûteuses, et qui entraînent tant et de si préjudiciables lenteurs: autorisation préalable du conseil de famille, avis favorable de trois jurisconsultes, homologation du Tribunal civil d'arrondissement. Il arrive assez fréquemment aujourd'hui que les frais de la transaction excèdent tout à la fois ceux du procès qu'elle a pour but d'arrêter ou de prévenir et les avantages que les incapables doivent en retirer.

Désormais, s'il s'agit d'une action personnelle et mobilière et que la valeur de la chose litigieuse ne dépasse pas un certain chiffre (500 francs), la transaction pourrait avoir lieu avec la seule approbation du juge de paix. Si, au contraire, bien que s'agissant d'une telle action, son objet dépasse cette somme, ou s'il s'agit d'une action immobilière ou mixte quelle qu'en soit la valeur, la transaction aurait lieu avec l'approbation du juge de paix et la ratification ultérieure du conseil de famille dont la délibération serait soumise à l'homologation du Tribunal.

Dans le premier cas, notre article substitue la simple approbation du juge de paix aux formalités qui, d'après la législation actuelle (art. 467 du Code Napoléon), doivent précéder et suivre la transaction. Dans le second cas, la suppression ne porte que sur l'avis des jurisconsultes, lequel est en quelque sorte remplacé par l'approbation du juge de paix.

Les dispositions projetées nous suggèrent plusieurs réflexions :

Nous voudrions *premièrement* que les actions immobilières et mixtes, toutes les fois que l'objet du litige ne dépasse pas la valeur ci-dessus, fussent placées sur la même ligne que les demandes personnelles et mobilières; nous voudrions que, pour celles-là comme pour celles-ci, la transaction pût avoir lieu sans l'accomplissement des formalités. Dans un grand nombre de cas, le procès est véritablement sans importance : il arrive fréquemment, par exemple, que des mineurs, des interdits, sont intéressés dans une action possessoire, dans une demande en bornage, en élagage d'arbres, dans une contestation relative à la distance prescrite pour les plantations, etc., lesquelles ont un caractère immobilier. Or, il est bien rare que l'objet du procès atteigne un chiffre important; souvent même le litige est absolument sans valeur. Faudra-t-il donc, en pareilles circonstances, et comme le voudrait notre article, recourir non-seulement à une ratification du conseil de famille, mais encore à l'homologation du Tribunal?

Dans les autres matières, celles où il est vraiment utile de soumettre la transaction à l'appréciation de la famille et à la consécration de la justice, nous ne comprenons pas bien pourquoi le tuteur serait tenu de recourir d'abord à l'approbation du juge de paix. A quoi bon cette approbation préalable dès l'instant que la famille et la justice peuvent ultérieurement infirmer les conventions intervenues? En outre, de deux choses l'une : ou le juge de paix appelé à approuver le pacte transactionnel est le même que celui auquel est dévolue la présidence du conseil de famille chargé d'en consentir ultérieurement la ratification, ou bien ce sont deux juges de paix différents, ce qui est possible, car le domicile d'origine du mineur ou de l'interdit peut être et est souvent, en

effet, autre que le domicile réel. Dans le premier cas, le juge de paix émettra son avis d'une manière beaucoup plus opportune et avec autant d'utilité lors de la délibération du conseil de famille;
dans le second cas, on éviterait ainsi la possibilité d'un conflit d'opinions qui ne pourrait présenter que des inconvénients. D'un autre côté, le refus d'approbation de la part du juge de paix, qui
n'est susceptible d'aucun recours, pourrait être un obstacle à toute transaction. Ne serait-il donc
pas préférable d'exiger seulement l'autorisation préalable du conseil de famille et l'homologation
de la transaction par le Tribunal?

Secondement. — L'article que nous examinons porte que « le tuteur pourra *en conciliation*
transiger sur la demande..... » *En conciliation*! Pourquoi ces expressions restrictives? Pourquoi
le bénéfice de la disposition ne serait-il pas généralisé, étendu à tous les cas où il s'agit de sauvegarder les intérêts d'un incapable en lui évitant les chances d'un procès? Peu importe que le
litige ne soit encore qu'au seuil de la justice, entre les mains du magistrat conciliateur, ou que le
Tribunal ait été saisi de la réclamation ! Peu importe même que le procès ne soit encore qu'à l'état
de prévision ! Dès l'instant que la mesure est jugée bonne et utile, n'est-il pas rationnel qu'elle embrasse toutes les hypothèses? Et dès lors il s'agit ici, en réalité, non point d'une disposition qui
doive trouver place dans le nouveau Code de procédure, au chapitre tout spécial de la conciliation,
mais d'une modification à apporter à la disposition générale de l'article 467 du Code Napoléon,
ou plutôt d'un autre article qu'il conviendrait d'y substituer.

Troisièmement. — La disposition projetée est incomplète en ce que son texte ne mentionne
que le tuteur. Or, on sait que le mineur émancipé est assimilé au tuteur en ce qui concerne tous
actes autres que ceux de pure administration. Il ne peut, porte l'article 484 du Code Napoléon,
faire ces actes sans observer les formes prescrites au mineur non émancipé. Il conviendrait donc
que les autorisations contenues en notre article fussent rendues communes aux mineurs émancipés agissant avec le concours de leurs curateurs.

Quatrièmement. — Enfin, le chiffre de 500 francs, où s'arrête le projet pour dispenser des
formalités, est le même que celui jusqu'auquel l'article 13 ci-après élève le taux de la compétence
en premier ressort des juges de paix. Or, comme nous émettons l'avis que ce taux soit porté à
800 francs, nous admettons logiquement que c'est aussi jusqu'à la valeur de 800 francs que les
transactions concernant les mineurs et les interdits pourraient être consenties avec la seule approbation du juge de paix.

En résumé, nous proposons :

1° De soumettre la transaction à la simple approbation du juge de paix dans les matières
personnelles et mobilières, immobilières et mixtes, lorsque la valeur du litige est renfermée
dans les limites de 800 francs. Toutes les fois qu'il y aurait lieu à évaluation (et le cas peut se
présenter même à l'occasion de demandes de nature mobilière), cette évaluation devrait être
faite par le conseil de famille.

2° Lorsque la valeur de l'objet litigieux serait supérieure à 800 francs, de soumettre les
conventions à intervenir à l'autorisation préalable du conseil de famille, et la transaction
réalisée à l'homologation du Tribunal.

3° De rendre la disposition commune aux mineurs émancipés.

4° De rédiger cette disposition ainsi qu'on l'a vu ci-dessus, et de l'introduire, non pas au Code de procédure civile, et surtout dans un chapitre purement spécial et qui en restreindrait la portée, mais dans la loi civile générale, c'est-à-dire dans le Code Napoléon, où elle prendrait la place de l'article 467.

TEXTES

Art. 17 de la loi du 25 mai 1838, modifié par l'article 2 de celle du 2 mai 1855.	Art. 10 du projet.	Art. 6. Rédaction proposée.
..... S'il y a conciliation, le juge de paix, sur la demande de l'une des parties, peut dresser procès-verbal des conditions de l'arrangement; ce procès-verbal aura force d'obligation privée. Art. 54 du Code de procédure civile. ..... Les conventions des parties insérées au procès-verbal ont force d'obligation privée.	S'il y a conciliation, le juge de paix dresse procès-verbal des conditions de l'arrangement. Les conventions insérées au procès-verbal auront la même force que si elles étaient constatées par acte sous signatures privées.	S'il y a conciliation, le juge de paix en fera mention sur le registre prescrit par l'article 2, et, à la demande des parties, dressera procès-verbal des conditions de l'arrangement. Les conventions insérées au procès-verbal, signé des parties ou contenant la mention qu'elles ne savent ou ne peuvent signer, auront force d'obligation privée.

OBSERVATIONS

D'après l'article 10, le juge de paix serait astreint à l'obligation de dresser un procès-verbal dans toutes les affaires où il intervient un arrangement. C'est là une disposition beaucoup trop absolue et dont l'application obligatoire ne serait admissible que dans les cas où l'essai de conciliation, s'il était maintenu, serait tenté en exécution des articles 48 et suivants du Code de procédure, et en vue desquels, sans doute, elle est proposée. Aujourd'hui, en dehors de ces cas, il n'est dressé de procès-verbal que très-exceptionnellement, lorsque la constatation des conventions présente un véritable intérêt et si les parties le requièrent. Le plus souvent, qu'il s'agisse d'un paiement immédiat qui met fin au débat, ou même de l'engagement de se libérer d'une faible somme dans le délai convenu, etc., le juge se borne à faire sur le registre la mention nécessaire. Il conviendrait donc de reproduire, à cet égard, la disposition de l'article 17 de la loi ci-dessus transcrit. Il importe d'ailleurs de noter que nous ne parlons point ici des affaires de la compétence des tribunaux d'arrondissement, puisque, comme on l'a vu, nous proposons la suppression du préliminaire en ce qui les concerne. Si ce préliminaire obligatoire était maintenu, la rédaction d'un procès-verbal de conciliation devrait encore, croyons-nous, n'être que facultative et n'avoir lieu qu'à la demande des parties.

En disposant que les conventions insérées au procès-verbal *auront la même force que si elles étaient constatées par acte sous signatures privées*, l'article 10 du projet nous paraît contenir une modification regrettable aux dispositions actuelles (art. 54, § 2, du Code de proc. civ., et 17 de la loi du 25 mai 1838), dispositions que cet article a pour but de remplacer et qui, comme on l'a vu, se bornent à dire que le procès-verbal *aura force d'obligation privée*, expressions que nous regardons comme infiniment préférables, et voici pourquoi :

Le procès-verbal dont il s'agit ici, pas plus qu'un acte sous seings privés, n'a par lui-même force exécutoire, et son exécution ne peut être poursuivie qu'en vertu d'un jugement ; cela est incontestable, puisque la loi ne lui attribue que force d'obligation privée ; mais il n'en a pas moins tous les caractères de l'acte authentique, car il est reçu par un officier public compétent Cod. Napol., art. 1317). Or, l'acte authentique fait pleine foi des conventions qu'il renferme, et son exécution ne peut être suspendue qu'au seul cas d'inscription de faux ou de plainte en faux principal (*ibid.*, art. 1319), tandis que l'acte sous seings privés n'a la même foi qu'autant qu'il est reconnu par la partie à laquelle on l'oppose, ou légalement tenu pour reconnu (*ibid.*, art. 1322) ; le simple désaveu de l'écriture ou de la signature suffit donc pour en paralyser l'exécution. Or, en disposant que les conventions insérées au procès-verbal *auront la même force que si elles étaient constatées par acte sous signatures privées*, l'article 10 amoindrirait les effets du procès-verbal de conciliation. Les conventions qui y sont contenues doivent avoir, ainsi que le veut la législation actuelle, non pas seulement la force qu'elles auraient si elles étaient renfermées dans un acte sous signatures privées, mais bien celle appartenant à l'acte authentique. La rédaction de l'article 10 du projet est d'ailleurs contraire à la disposition formelle de l'article 1317 précité ; c'est pourquoi nous proposons, sous ce rapport aussi, de s'en tenir au texte de l'article 54, deuxième paragraphe du Code de procédure civile et de l'article 17 de la loi du 25 mai 1838, modifié par celle du 2 mai 1855.

TEXTES

Code de procédure civile.

Art. 54..... Dans le cas contraire, il (le procès-verbal) fera sommairement mention que les parties n'ont pu s'accorder.

Art. 58. En cas de non-comparution de l'une des parties, il en sera fait mention sur le registre du greffe de la justice de paix, et sur l'original ou la copie de la citation, sans qu'il soit besoin de dresser procès-verbal.

Art. 11 du projet.

Si l'une des parties ne comparaît pas ou s'il n'y a pas conciliation, le greffier en fera mention sur le registre indiqué en l'article 2, et énoncera sur le permis de citer, qui sera délivré sans frais et sans enregistrement, mais sur papier timbré, que les parties n'ont pas été conciliées ou n'ont pas comparu. Copie du permis de citer sera donnée en tête de l'exploit de citation en justice.

Rédaction proposée.

Art. 7. S'il n'intervient pas de conciliation, le juge de paix, après avoir entendu les parties dans leurs explications, prononcera sur le différend et rendra son jugement publiquement, conformément à l'article 60 ci-après.

Art. 8. Si le défendeur ne comparaît pas et n'est pas représenté, mention en sera faite sur le registre dont la tenue est prescrite par l'article 2, et, en outre, le greffier délivrera à la partie demanderesse, si elle le requiert, sur papier libre et sans frais, un permis de citer, qui rappellera le numéro d'ordre inscrit au registre et contiendra les noms et le domicile des parties, ainsi que l'objet sommaire de la contestation.

OBSERVATIONS

Nous abordons, à propos de cet article, une des grandes difficultés du projet de réforme que nous examinons.

C'est dire une chose banale, en quelque sorte, que de rappeler aujourd'hui que l'institution des justices de paix est une des plus belles créations des temps modernes. Tous les peuples nous l'envient et, sans y parvenir complétement, cherchent à l'imiter. Cette institution est assurément très-populaire ; elle a conquis les sympathies générales, elle progresse constamment dans l'esprit des populations. Néanmoins tout le monde sent qu'elle est loin d'avoir dit son dernier mot; aussi, toutes les fois que le législateur a été appelé à toucher aux dispositions qui la concernent, soit pour conférer à cette magistrature populaire des attributions nouvelles, soit pour simplifier les formes de la procédure, il en est résulté le plus grand bien.

Nous voulons signaler ici une des améliorations les plus considérables qui, sous ce dernier rapport, puissent être apportées à la législation, celle qui, depuis longtemps déjà, est réclamée avec le plus d'énergie dans les cantons ruraux comme dans les grands centres de population.

On se plaint généralement, et avec raison, des pertes de temps énormes que subissent ceux qu'un différend, quel qu'il soit, oblige de recourir à la justice de paix. On se plaint des retards qu'ils éprouvent à obtenir une solution, et cela même dans les affaires les plus simples et de l'importance la plus minime. Que se passe-t-il en effet? La partie réclamante vient trouver le greffier du juge de paix pour la délivrance du billet d'avertissement, et se présente ensuite, au jour fixé, dans le cabinet du juge conciliateur. Or, de deux choses l'une : ou l'adversaire fait défaut, ou il comparaît. Nous allons examiner successivement l'une et l'autre de ces deux hypothèses.

I. *Le défendeur s'abstient de comparaître.*

Remarquons que le mode de chargement de la lettre d'invitation prescrit par l'article 3 (art. 2 de la rédaction proposée) constitue une garantie que cette lettre aura été remise à personne ou à domicile. La délivrance d'un exploit par ministère d'huissier ne présente pas une plus grande sécurité. Dès lors pourquoi le juge de paix ne rendrait-il pas immédiatement le jugement, par défaut, qu'il prononcera quelques jours plus tard à la suite d'une citation? A quoi bon cette citation, qui oblige la partie demanderesse à se déplacer de nouveau et lui fait perdre un temps précieux, quelquefois même une journée tout entière? A quoi bon la notification d'un acte officiel dont le coût n'est jamais moindre de 5 francs? Cette dépense, que rien ne justifie, n'est-elle pas extrêmement regrettable, alors surtout qu'il s'agit, comme nous le disions en commençant, d'affaires dont l'importance est des plus minimes?

Ajoutons que, dans les matières de la compétence des conseils de prud'hommes, la voie de la citation est proscrite; que les décisions de ces conseils, même par défaut, interviennent sur un simple billet d'avertissement, et que ce mode de procéder n'a jamais présenté d'inconvénients, encore bien que la mesure du chargement de la lettre ne soit point exigée.

II. *Le défendeur comparaît, et le juge de paix n'a pu parvenir à concilier les parties.*

C'est à plus forte raison dans ce cas qu'une citation est bien véritablement frustratoire. Comment! les deux adversaires ont été entendus; ils ont fourni leurs explications, et il leur faudra venir les renouveler quelques jours plus tard! La religion du juge est éclairée, il est en mesure de prononcer sur le litige, et cependant il devra forcément ajourner une décision dont souvent la principale, sinon la seule utilité, consiste dans la célérité avec laquelle elle intervient!

Répétons-le, la citation officielle en justice de paix est non-seulement sans utilité réelle, mais, comme nous l'avons dit, elle a, en outre, le double inconvénient de retarder la solution des litiges et d'occasionner aux parties des pertes de temps et d'argent.

Supprimons donc l'exploit officiel, si avantageusement, si utilement remplacé par un billet d'avertissement peu coûteux et qui présente tout autant de garantie et de sécurité. Cette mesure sera accueillie par les populations comme un nouveau bienfait à ajouter à tous ceux qu'a déjà produits une institution qui doit croître encore en popularité. Sans doute, il pourra en résulter quelque diminution dans les recettes du Trésor (timbre et enregistrement), mais c'est là un détail auquel il n'est pas permis de s'arrêter, lorsqu'il s'agit d'une amélioration aussi considérable que l'est celle dont nous nous occupons ici. Et d'ailleurs, si cela était reconnu indispensable, ne serait-il pas facile de parer à l'inconvénient par l'établissement d'un droit nouveau qui serait perçu lors de l'enregistrement du jugement intervenu?

Que si notre proposition était regardée comme trop radicale, si l'on persistait à croire que, malgré la garantie qui résultera désormais de la mesure du chargement, l'envoi du billet d'avertissement ne puisse, dans toutes les hypothèses, remplacer la notification d'un exploit par ministère d'huissier; que, du moins, la citation ne soit maintenue que dans le cas où, s'abstenant de répondre à la convocation, le défendeur devrait être condamné par défaut; que si, au contraire, il comparaît, si le juge a entendu les deux parties dans leurs explications sans qu'il lui ait été possible de les mettre d'accord, la loi cesse d'exiger l'inutile accomplissement d'une formalité qui n'est point gratuite; en définitive, qu'elle supprime cette citation, dont les frais sont de 5 francs au minimum, ainsi que nous l'avons dit, et qui est rendue bien autrement coûteuse par le retard qu'elle fait subir à la décision et par le nouveau déplacement qu'elle impose aux parties.

En résumé, nous nous bornons, quant à présent, à demander la suppression de la citation dans les matières de la compétence des juges de paix toutes les fois que les parties comparaissent devant lui sur le billet d'avertissement. C'est pourquoi les dispositions de l'article 11, à raison des modifications qu'il convient d'y introduire, nous semblent comporter deux articles distincts dont nous avons ci-dessus proposé la rédaction.

On a vu que le texte dudit article exige, pour les cas de non-conciliation et de non-comparution, que le permis de citer soit délivré sur papier timbré, et qu'il en soit donné copie en tête de la citation; et remarquons que cette disposition n'est pas restreinte aux seules causes qui doivent être portées devant le Tribunal, mais que, dans sa généralité, au contraire, elle s'applique également aux affaires qui sont de la compétence des juges de paix.

Or, à quoi bon cet excédant de dépense de 50 centimes, prix de la feuille de papier timbré, et de 20 centimes environ pour le droit de copie revenant à l'huissier, alors que les frais du billet d'avertissement s'élèveront déjà à 50 ou à 60 centimes? Bien plus, il arrive très-fréquemment que la partie demanderesse ne donne aucune suite au permis de citer dont la délivrance lui a été faite le jour de la comparution. Tantôt c'est cette partie elle-même qui, après réflexion, apprécie mieux les conseils que lui a donnés le juge conciliateur ou renonce spontanément à agir; tantôt c'est l'adversaire qui, lui donnant ultérieurement satisfaction, rend la poursuite sans objet. Dans ces divers cas, ce serait en pure perte que le demandeur aurait fait la dépense du permis de citer.

Nous signalerons ici, comme exemple, ce qui se passe à la justice de paix de notre arrondissement :

Les permis de citer délivrés annuellement s'élèvent, en chiffres ronds, à 7,000

Le nombre de citations qui sont notifiées n'est que de......................... 3,500

Reste en permis de citer non employés 3,500

C'est donc 3,500 feuilles de papier timbré, du prix de 50 centimes chacune, soit une somme de 1,750 fr., qui seraient entièrement perdues pour un seul arrondissement de Paris.

Que si, contrairement à notre avis, le préliminaire de conciliation doit être maintenu dans les affaires de la compétence des tribunaux civils d'arrondissement, la délivrance du permis de citer ne puisse être faite que sur papier timbré, soit; mais que, du moins, la mesure, qui, dans cette nature d'affaires, remplacerait avec un certain avantage le procès-verbal de non-conciliation, ne soit pas étendue aux petits litiges de la compétence des juges de paix. Nous croyons avoir démontré les graves inconvénients qu'il y aurait à ce qu'il en fût ainsi.

TEXTES

Art. 56 du Code de procédure.	Art. 12 du projet.	Art. 9. Rédaction proposée.
Celle des parties qui ne comparaîtra pas sera condamnée à une amende de 10 francs, et toute audience lui sera refusée jusqu'à ce qu'elle ait justifié de la quittance.	Celle des parties qui n'aura pas comparu en conciliation sera, à moins qu'elle ne justifie d'un empêchement légitime, condamnée d'office, par une disposition spéciale et sans recours du jugement qui interviendra sur la contestation, à une amende de 5 francs, si l'affaire est portée devant le juge de paix, et de 10 francs, si elle est portée devant le Tribunal. Le recouvrement de l'amende sera poursuivi par l'administration de l'enregistrement sur l'extrait du jugement qui sera délivré par le greffier.	Celle des parties qui n'aura pas comparu en conciliation sera, si elle ne justifie d'un empêchement légitime, condamnée d'office par le juge de paix et par le jugement qui interviendra sur la contestation, à une amende de 2 à 5 francs. Si le jugement est rendu par défaut, la partie condamnée pourra, sur l'opposition qui aura lieu sans frais, être déchargée de l'amende en justifiant qu'un empêchement légitime a été la cause de sa non-comparution. Le recouvrement de l'amende sera poursuivi par l'administration de l'enregistrement sur le vu de l'extrait du jugement qui sera délivré sur papier libre et sans frais par le greffier.

OBSERVATIONS

On ne saurait trop approuver la disposition de cet article du projet, le dernier du chapitre consacré au préliminaire de conciliation. La perspective d'une condamnation à 5 francs d'amende diminuera notablement le nombre des causes dans lesquelles l'une des parties (et plus particulièrement le défendeur) s'abstient de comparaître, et par suite, augmentera proportionnellement le nombre des affaires qui se terminent amiablement (1).

Nous rappelons d'abord notre proposition de supprimer le préliminaire obligatoire de conciliation dans les matières de la compétence des tribunaux d'arrondissement. Dans cet ordre d'idées, la disposition concernant l'amende de 10 francs disparaîtrait de l'article 12.

En outre, nous proposons d'apporter deux autres modifications à cet article :

1° Il nous semblerait utile que, pour l'application de l'amende encourue, la loi laissât au juge de paix une certaine latitude qui lui permît d'en graduer le chiffre suivant les circonstances. Par exemple, il pourrait être autorisé à se mouvoir entre un minimum de 2 francs et le maximum de 5 francs.

2° Il ne nous paraît pas admissible que la condamnation à l'amende qui atteindrait une partie défaillante ne puisse être frappée d'opposition. Que cette condamnation ne soit l'objet d'aucun autre recours (et nous ne voyons pas de quel autre recours elle pourrait être susceptible), soit ; mais l'opposition est de droit commun et doit rester ouverte au défendeur qui demande à être entendu pour justifier qu'un empêchement légitime a été la seule cause de sa non-comparution dans le cabinet du juge conciliateur.

Ces deux modifications se trouvent formulées dans le texte dont nous proposons ci-dessus la rédaction.

(1) Voici, en ce qui concerne la justice de paix du 9° arrondissement, les résultats statistiques des deux dernières années (chiffres ronds) :

	1867.	1868.
Nombre des affaires.	9,400	10,400
Non-comparutions.	7,100	7,600
Comparutions.	2,300	2,800
Conciliations obtenues.	1,500	1,700
Non-conciliations.	800	1,100

CHAPITRE II

De la Compétence

OBSERVATIONS GÉNÉRALES

C'est une idée excellente qu'ont eue la Commission de révision et le Conseil d'État d'introduire dans le premier livre du nouveau Code de procédure, pour les y réunir et grouper, non-seulement les dispositions relatives à la compétence territoriale qui figurent déjà dans le Code actuel, mais encore celles qui régissent la compétence d'attribution. Les personnes qui se trouvent dans la nécessité de s'adresser à la justice pour obtenir la reconnaissance ou la consécration d'un droit méconnu ou contesté, sauront désormais, en consultant ce premier livre, quels sont les juges appelés à prononcer sur leurs réclamations.

Toutefois, il est regrettable que le chapitre 2, relatif à la compétence des juges de paix, se borne à donner la nomenclature des actions dont la connaissance est déférée à ces magistrats par la loi fondamentale du 25 mai 1838, avec la seule addition, dans l'article 18, de la disposition de l'article 5 de la loi du 10 juin 1854 sur le drainage.

Les lois qui confèrent aux juges de paix des attributions contentieuses, sont en assez grand nombre; de dates très-différentes, elles sont éparses dans les Codes comme dans le *Bulletin des Lois*, et il y aurait un incontestable avantage à les réunir toutes dans le chapitre dont nous nous occupons en ce moment.

Ainsi donc devraient, croyons-nous, trouver place au chapitre 2 du titre Ier, outre les dispositions qui déjà y sont renfermées, celles que contiennent les lois spéciales qui soumettent à la compétence des juges de paix :

1° Les contestations en matière de contrat d'apprentissage (1) (loi du 22 février 1851, art. 18 et 19);

2° Les affaires relatives aux douanes, dans tous les cas où l'infraction qui a été commise n'entraîne ni l'arrestation des contrevenants ni leur condamnation à l'emprisonnement (lois des 4

---

(1) La loi du 22 juin 1854, sur les livrets, étant menacée d'abrogation prochaine, nous ne comprendrons pas dans cette nomenclature des contestations relatives à la délivrance les congés d'acquit et à la rétention des livrets, dont la connaissance, à défaut de prud'hommes, est attribuée aux juges de paix, de même que celles concernant les engagements respectifs (loi du 25 mai 1838, article 5), par l'article 7 de la loi du 14 mai 1851.

germinal an II, titre IV, art. 14, 15 et 16 ; 14 fructidor an III, art. 10 ; 9 floréal an VII, titre IV, art. 14 ; 17 décembre 1814, titre III, art. 16 et 29 ; 27 mars 1817, art. 12 à 15, et 21 avril 1818, art. 38) ;

3° Les contestations civiles relatives au paiement ou à la restitution des droits d'octroi (lois des 2 vendémiaire an VIII, art. 1er, et 27 frimaire an VIII, art. 13 ; Ordonn. royale du 9 décembre 1814, art. 81) ;

4° Les contestations civiles relatives au paiement des droits de péage au passage des bacs, bateaux et ponts (loi du 24 ventôse an IX, art. 9) ;

5° Les contestations relatives au réglement des indemnités en matière d'élargissement (1) des chemins vicinaux (loi du 21 mai 1836, art. 15) ;

6° L'appel des décisions des Commissions municipales en matière électorale (décret-loi du 2 février 1852, art. 22).

Il est une autre attribution qu'avait conférée aux juges de paix l'art. 5 de la loi du 6-8 pluviôse an 11, celle de prononcer sur les demandes tendantes à la remise de titres, papiers et contrats de rente, qui sont formées contre les détenteurs ou dépositaires. Mais on sait que les auteurs ne sont pas d'accord sur la question de savoir si la disposition dudit article a conservé force et vigueur sous la législation actuelle. Il n'existe aucune disposition formellement abrogative ; mais en présence de l'art. 49, § 7, du Code de procédure civile, qui dispense du préliminaire de la conciliation les demandes sur la remise des titres et leur communication, il est permis de penser que l'attribution toute spéciale, et qui, à raison des circonstances, avait été conférée aux juges de paix par le législateur de l'an II, a cessé d'exister.

La non reproduction de cette loi dans le Code de procédure suffirait pour en démontrer l'abrogation.

TEXTES

Article 1er de la loi du 25 mai 1838.	Art. 13 du projet.	Art. 10. Rédaction proposée.
Les juges de paix connaissent de toutes actions purement personnelles ou mobilières, en dernier ressort, jusqu'à la valeur de 100 francs, et, à charge d'appel, jusqu'à la valeur de 200 francs.	Les juges de paix connaissent, de toutes les actions purement personnelles ou mobilières, en dernier ressort, jusqu'à 200 francs, et à charge d'appel, jusqu'à 500 francs.	Les juges de paix connaissent de toutes les actions purement personnelles ou mobilières, en dernier ressort, jusqu'à 200 francs, et, à charge d'appel, jusqu'à 800 francs.

OBSERVATIONS

Cet article étend jusqu'au chiffre de 500 fr. (aujourd'hui 200 fr.) les limites de la compétence ordinaire des juges de paix en premier ressort, et porte de 100 à 200 fr. le taux de cette compétence comme juges souverains.

(1) Lorsqu'il s'agit de l'ouverture d'un chemin vicinal ou du redressement d'un chemin existant, on sait que c'est par voie d'expropriation que sont fixées les indemnités dues aux riverains. (Loi du 21 mai 1836, art. 16.)

Depuis l'année 1838, époque à laquelle remonte la loi organique qui régit aujourd'hui la compétence des juges de paix, la valeur de l'argent s'est considérablement amoindrie. Par voie de conséquence, le prix de toutes choses s'est progressivement et proportionnellement accru, et l'on ne doit pas craindre d'affirmer que, pour un très-grand nombre des objets indispensables à la vie, ce prix a plus que doublé. Il est donc devenu nécessaire, ainsi que l'attestent de nombreuses et incessantes réclamations parties de toutes parts, d'élever notablement le taux de cette compétence, ne fût-ce que pour la mettre en harmonie avec la valeur actuelle de l'argent.

Relativement au taux du dernier ressort, il eût été difficile de rester au-dessous du chiffre de 200 fr. qu'a adopté, pour les conseils de prud'hommes, le législateur de 1853. Toutefois, nous ne voyons pas d'inconvénient à ce que ce soit à ce chiffre qu'il faille s'arrêter; mais, en ce qui concerne la compétence de premier ressort, l'opinion publique avait espéré mieux du projet actuel.

De bons esprits avaient demandé que cette compétence eût désormais pour limite le chiffre jusqu'auquel les tribunaux d'arrondissement sont autorisés à statuer souverainement (1,500 fr., d'après la législation existante, 2,000 fr. suivant le projet actuel. — V. art. 27). Mais on a pensé que c'eût été accorder une trop grande confiance à des magistrats dont on a dit que les connaissances, le savoir, ne sont pas toujours à la hauteur des bonnes intentions et du dévoûment, et qui, d'ailleurs, a-t-on ajouté, seuls sur leur siége, ne peuvent, comme les autres tribunaux, s'éclairer par la discussion sur les litiges qui leur sont soumis. Cependant le législateur n'a point obéi à une telle crainte lorsqu'il a placé dans les attributions des juges de paix la connaissance de certaines contestations graves et importantes, lorsqu'il a confié à ces magistrats la solution de questions bien autrement délicates que celles qui peuvent naître de simples demandes en paiement, lesquelles sont, le plus souvent et précisément parce que le chiffre en est plus élevé, fondées en titre, et ne présentent à résoudre que de bien rares difficultés.

Un juge de paix auquel on reconnaît le savoir nécessaire pour prononcer sur des saisies-gageries, congés et expulsions (baux annuels de 500 fr.) (art. 15); pour statuer, jusqu'au chiffre de 2,000 fr., dans des matières comme les dégradations commises par des locataires et la non jouissance dont ils se plaignent (art. 16), sur les pertes et avaries d'effets dans les hôtels ou en voyage (art. 14); pour juger, quelle qu'en soit l'importance, des demandes en dommages-intérêts pour diffamations ou injures, dommages aux champs ou récoltes (art. 17), des actions en bornage et des actions possessoires (art. 18), etc.; un juge de paix, disons-nous, auquel on reconnaît des connaissances suffisantes pour résoudre les difficultés souvent ardues que présentent ces matières délicates, manquera-t-il donc de capacité pour apprécier de simples demandes en paiement de billets, fournitures, travaux, etc., le plus souvent dépourvues de contestations, parce que le chiffre de ces demandes dépasse 500 fr.? C'est ce qu'on ne saurait admettre. Est-ce que le nombre des appels, ou plutôt le nombre des infirmations qui atteignent annuellement les jugements des juges de paix intervenus dans des litiges où la compétence du premier ressort est illimitée ou s'arrête à 1,500 fr., n'est pas aussi insignifiant que dans ceux où la juridiction de ces magistrats est limitée à 200 fr. ?

La véritable raison qui semble s'opposer à une extension de compétence qui produirait d'excellents résultats, telle est notre profonde conviction, et qui d'ailleurs serait parfaitement conforme aux règles de la logique, en ce qu'elle aurait pour conséquence de donner une limite uniforme au taux du premier ressort, ce n'est point l'insuffisance des juges de paix, c'est qu'une telle mesure entraînerait inévitablement la suppression d'un très-grand nombre de tribunaux d'arrondissement, apporterait ainsi un trouble considérable dans notre organisation judiciaire, et nuirait énormément à deux corporations d'officiers ministériels (les avoués et les huissiers) dont la situation, on ne saurait le méconnaître, est assurément très-digne d'intérêt.

Quoi qu'il en soit, et s'il est impossible, quant à présent du moins, de franchir un pas aussi considérable en portant le taux du premier ressort de 200 à 2,000 francs, on ne peut cependant refuser de reconnaître que le chiffre de 500 francs auquel s'arrête le projet n'est point assez élevé, car il représente à peine celui de 100 francs, qu'à l'origine avait adopté le législateur de 1790 (il y a près de soixante-dix ans). S'arrêter là, ce serait, non pas étendre les pouvoirs des juges de paix, mais simplement rétablir à peu près l'équilibre détruit par l'accroissement progressif de la fortune publique, surtout depuis vingt ans.

Nous nous bornons, en définitive, à proposer d'élever, quant à présent, à 800 francs le taux de la compétence générale ordinaire des juges de paix, comme juges de premier degré, pour les actions purement personnelles ou mobilières, dont la connaissance leur est attribuée par l'article 13 du projet.

TEXTES

Art. 2 de la loi du 25 mai 1838.	Art. 14 du projet.	Art. 11. Rédaction proposée.
Les juges de paix prononcent, sans appel, jusqu'à la valeur de 100 francs, et, à charge d'appel, jusqu'au taux de la compétence en dernier ressort des tribunaux de première instance : Sur les contestations entre les hôteliers, aubergistes ou logeurs, et les voyageurs ou locataires en garni, pour dépense d'hôtellerie et perte ou avarie d'effets déposés dans l'auberge ou dans l'hôtel ; Entre les voyageurs et les voituriers ou bateliers, pour retards, frais de route et perte ou avarie d'effets accompagnant les voyageurs; Entre les voyageurs et les carrossiers ou autres ouvriers, pour fournitures, salaires et réparations faites aux voitures de voyage.	Les juges de paix prononcent, sans appel, jusqu'à 200 francs, et, à charge d'appel, jusqu'au taux de la compétence en dernier ressort des tribunaux civils d'arrondissement : 1° Sur les contestations entre les hôteliers, aubergistes ou logeurs, et les voyageurs ou locataires en garni pour dépense d'hôtellerie et perte ou avarie d'effets déposés dans l'auberge ou dans l'hôtel ; 2° Sur les contestations entre les voyageurs et les entrepreneurs de transport par voitures, chemins de fer, bateaux et tous autres modes, pour retards, frais de route et perte ou avarie d'effets accompagnant les voyageurs, et dommages pour blessures reçues par accident survenu pendant le transport; 3° Entre les voyageurs et les carrossiers ou autres ouvriers, pour fournitures, salaires et réparations faites aux voitures de voyage, sans préjudice du droit de poursuivre, dans les cas exprimés au présent article, le défendeur commerçant devant le Tribunal de commerce.	Les juges de paix prononcent, sans appel, jusqu'à 200 francs, et, à charge d'appel, jusqu'au taux de la compétence en dernier ressort des tribunaux civils d'arrondissement : 1° Sur les contestations entre les hôteliers, aubergistes ou logeurs, et les voyageurs ou locataires en garni, pour dépenses d'hôtel, perte ou avarie d'effets déposés dans les auberges, hôtels ou garnis; 2° Sur les contestations entre les voyageurs et les entrepreneurs de transport, par voitures, chemins de fer, bateaux et tous autres modes, pour retards, frais de route, perte ou avarie d'effets accompagnant les voyageurs, et dommages pour blessures reçues par accident survenu pendant le transport; 3° Sur les contestations entre les voyageurs et les carrossiers ou autres ouvriers, pour fournitures, salaires et réparations faites aux voitures de voyage. Le tout sans préjudice des cas où la juridiction commerciale peut ou doit être saisie de la contestation par application des articles 631 et 632 du Code de commerce.

OBSERVATIONS

En reproduisant les dispositions de l'article 2 de la loi du 25 mai 1838, l'article 14 contient trois additions importantes et fort utiles :

La première comprend très-explicitement les chemins de fer parmi les entrepreneurs de transport dont il s'agit, et fait ainsi cesser la divergence qui existe à cet égard entre les tribunaux. Par arrêt du 3 mai 1855, la Cour impériale d'Angers a décidé que la disposition de l'article 2 de la loi du 25 mai 1838, ne peut être étendue au cas où la contestation a lieu entre un voyageur et une compagnie de chemins de fer dont le mode d'exploitation, alors inconnu et n'existant point à l'état de fait, était hors les prévisions du législateur. Mais un arrêt de la Cour de Limoges, du 2 mai 1862, auquel il faut joindre une solution implicite rendue dans le même sens par celle de Poitiers, le 12 février 1861, a jugé, au contraire, que les compagnies de chemins de fer sont comprises dans l'expression : *voituriers,* que contient ledit article 2. Or, c'est cette dernière doctrine qu'avec juste raison le projet propose d'ériger en loi.

Par la seconde addition, la compétence, qui ne s'appliquait qu'aux *retards,* est étendue aux *dommages pour blessures reçues par accident survenu pendant le transport.* Quelques commentateurs de la loi de 1838 ont prétendu que, cette loi ayant entendu offrir aux voyageurs un recours prompt et assuré contre tous les accidents de route provenant de la faute de l'entrepreneur de transport ou de ses agents, l'article 2 s'applique nécessairement aux accidents de toute espèce, même à ceux dont un voyageur peut être la victime, et qui, outre les retards qui en résulteraient pour lui dans le cours du voyage, lui occasionneraient des blessures plus ou moins dommageables. Mais cette doctrine donne évidemment trop d'extension à un texte qui, par cette expression : *retards,* n'a eu en vue que la réparation du préjudice pouvant résulter de l'arrivée tardive à destination, soit des voyageurs eux-mêmes, soit des bagages ou effets dont ils sont accompagnés. Néanmoins, c'était une lacune que vient heureusement combler le projet actuel.

La troisième addition consiste dans cette partie finale de l'article 14 : « *Sans préjudice du droit de poursuivre, dans les cas exprimés au présent article, le défendeur commerçant devant le Tribunal de commerce,* » qui a pour but de faire cesser la divergence existante entre les tribunaux relativement à l'interprétation qui doit être donnée à l'article 2 de la loi de 1838, lorsque le fait à raison duquel l'action est intentée constitue un acte commercial.

Les contestations mentionnées en cet article dont la disposition est reproduite par le projet peuvent avoir un caractère exclusivement commercial ou un caractère mixte. Pour préciser, supposons qu'il s'agisse de la réclamation formée par un voyageur, soit contre un entrepreneur de transport : compagnie de chemins de fer ou autre, soit contre un hôtelier, pour perte d'effets. Ou les deux parties sont commerçantes, et alors la contestation a un caractère exclusivement commercial, ou bien le voyageur n'est pas commerçant, et, le contrat intervenu n'étant commercial qu'à l'égard de l'hôtelier ou de l'entrepreneur de transport, la contestation a un caractère mixte. Or, la question est de savoir si, l'article 2 de la loi de 1838 dérogeant au principe posé par les articles 631 et 632 du Code de commerce, la réclamation doit être soumise au juge de paix, dans la limite de 1,500 francs, même alors qu'elle a un caractère exclusivement commercial. L'affirmative a été consacrée par sept arrêts, un de la Cour de Poitiers, du 1er mars 1844, un autre de la Cour de Limoges, du 2 mai 1862, et cinq de la Cour impériale de Paris, des 13 février 1844, 20 juin 1863, 13 février 1864, 9 décembre 1864, et 6 novembre 1866. Deux Cours impériales, celle de Caen, par arrêt du 22 mars 1846, et celle d'Angers, suivant arrêt du 3 mai 1855, ont, au contraire, énergiquement maintenu le principe de la juridiction consulaire pour le cas où, quelle que soit l'importance de la réclamation, la difficulté a un caractère exclusivement commercial ; et c'est en faveur de ce système que s'est prononcée la Cour de cassation, dans un arrêt très-fortement motivé et dont la doctrine est en harmonie parfaite, croyons-nous, avec la pensée qui a présidé à la rédaction de l'article précité et de la loi de 1838, dans son ensemble.

La disposition finale de l'article 14 du projet a donc pour but de satisfaire à ces principes et à ces règles. Mais, conçu comme l'est son texte, elle n'atteindrait pas, ce nous semble, pleinement ce résultat.

Lorsque le voyageur n'est pas commerçant, la demande, si c'est lui qui l'intente, peut être portée, à son choix, devant la juridiction civile ou devant la juridiction consulaire, c'est là un principe aujourd'hui incontesté, et c'est bien à ce cas que s'applique la disposition. Lorsqu'au contraire les deux parties ont fait acte de commerce, le juge de paix est incompétent pour connaître de la réclamation, de quelque part qu'elle vienne, réclamation qui ne peut être valablement formée que devant le Tribunal de commerce, par application des articles 631 et 632 précédemment cités. Or, ce ne serait pas proclamer suffisamment le principe de la compétence commerciale exclusive que de se borner à dire : « *Sans préjudice du droit de poursuivre . . . etc.*, expressions qui ne font que consacrer la compétence facultative du juge de paix et du Tribunal de commerce. Pour consacrer aussi la compétence de ce Tribunal, lorsqu'elle est exclusive, nous proposons, comme on l'a vu, de modifier ainsi la rédaction : « *Sans préjudice des cas où la juridiction commerciale peut ou doit être saisie de la contestation, par application des articles 631 et 632 du Code de Commerce.* »

TEXTES

Art. 3 de la loi du 25 mai 1838, modifié par l'article 1er de la loi du 2 mai 1855.	Article 15 du projet.	Art. 12. Rédaction proposée.
Les juges de paix connaissent, sans appel, jusqu'à la valeur de 100 francs, et, à charge d'appel, à quelque valeur que la demande puisse s'élever, des actions en paiement de loyers ou fermages, des congés, des demandes en résiliation de baux fondées sur le seul défaut de paiement des loyers ou fermages, des expulsions de lieux et des demandes en validité de saisie-gagerie, le tout lorsque les locations verbales ou par écrit n'excèdent pas annuellement 400 francs. Si le prix principal du bail consiste en denrées ou prestations en nature	Les juges de paix connaissent, sans appel, jusqu'à la valeur de 200 francs, et, à charge d'appel, à quelque valeur que la demande puisse s'élever : des actions en paiement de loyers ou fermages, des congés, des demandes en résiliation de baux fondées sur le seul défaut de paiement des loyers ou fermages, des expulsions de lieux, des demandes en validité et en nullité de saisies-gageries, même lorsqu'elles portent sur des meubles déplacés sans le consentement du propriétaire, dans le cas prévu aux articles 2102, § 1er, du Code Napoléon, et 819, 3e a i	Les juge de paix connaissent, sans appel, jusqu'à la valeur de 200 francs, et, à charge d'appel, à quelque valeur que la demande puisse s'élever : des actions en paiement de loyers ou fermages de biens immeubles, des congés, des demandes en résiliation de baux fondées sur le seul défaut de paiement des loyers ou fermages, des expulsions de lieux, des demandes en validité et en nullité de saisies-gageries, même lorsqu'elles portent sur des meubles déplacés sans le consentement du propriétaire, dans le cas prévu aux articles 2102, § 1er, du Code

appréciables d'après les mercuriales, l'évaluation sera faite sur celles du jour de l'échéance, lorsqu'il s'agira du paiement des fermages. Dans tous les autres cas, elle aura lieu suivant les mercuriales du mois qui aura précédé la demande.

Si le prix principal du bail consiste en prestations non appréciables d'après les mercuriales, ou s'il s'agit de baux à colons partiaires, le juge de paix déterminera la compétence en prenant pour base du revenu de la propriété le principal de la contribution foncière de l'année courante multiplié par cinq.

néa, du Code de procédure civile ; le tout lorsque les locations verbales ou par écrit n'excèdent pas annuellement 500 francs.

Si le prix principal du bail consiste en denrées ou prestations en nature appréciables d'après les mercuriales, l'évaluation sera faite sur celles du jour de l'échéance, lorsqu'il s'agira du paiement des fermages ; dans tous les autres cas, elle aura lieu suivant les mercuriales du mois qui aura précédé la demande.

Si le prix principal du bail consiste en prestations non appréciables d'après les mercuriales, ou s'il s'agit de baux à colons partiaires, le juge de paix déterminera la compétence en prenant pour base du revenu de la propriété le principal de la contribution foncière de l'année courante multiplié par cinq.

Napoléon, et 819, 3ᵉ alinéa, du Code de procédure civile ; le tout lorsque les locations verbales ou par écrit n'excèdent pas annuellement 800 fr.

Si le prix principal du bail consiste en denrées ou prestations en nature, appréciables d'après les mercuriales, l'évaluation sera faite sur celle du jour de l'échéance, lorsqu'il s'agira du paiement des fermages ; dans tous les autres cas, elle aura lieu suivant les mercuriales du mois qui aura précédé la demande.

Si le prix principal du bail consiste en prestations non appréciables d'après les mercuriales, ou s'il s'agit de baux à colons partiaires, le juge de paix déterminera la compétence en prenant pour base du revenu de la propriété le principal de la contribution foncière de l'année courante multiplié par cinq.

OBSERVATIONS

Reproduction de l'article 3 de la loi du 25 mai 1838 (dont la disposition a été modifiée par l'article 1ᵉʳ de la loi du 2 mai 1855) avec les seules innovations que voici :

1° Attribution aux juges de paix de la connaissance, non-seulement des demandes en *validité* de saisies-gageries, dont ledit article s'était borné à parler, mais aussi de celles en *nullité*. C'est la réparation d'une omission qu'avaient involontairement commise les législateurs de 1838 et de 1855.

2° Extension explicite de cette attribution au cas où les meubles auraient été déplacés sans le consentement du propriétaire, ce qui trancherait une question très-controversée. Contrairement à l'opinion d'un grand nombre de jurisconsultes, un jugement du Tribunal civil de Bordeaux, du 26 mars 1851, et un arrêt confirmatif de la Cour impériale de la même ville, du 18 août suivant, restreignent la compétence des juges de paix en cette matière, au seul cas où les meubles n'ont point été l'objet d'un déplacement.

3° Extension de la compétence des juges de paix, à l'égard de toutes les actions énoncées en notre article, lorsque les locations s'élèvent à 500 fr. au lieu de 400 fr., limite actuelle.

D'après l'ancien article 3 de la loi de 1838, la compétence des juges de paix, en matière de baux, n'existait qu'autant que le prix n'excédait pas 200 fr. par année, sauf en ce qui concerne la ville de Paris, pour laquelle la compétence avait été exceptionnellement portée jusqu'au taux de 400 fr. de location annuelle.

Une loi du 20 mai 1854 avait rendu cette exception applicable aux villes de Lyon, Marseille, Bordeaux, Rouen, Nantes, Lille, Saint-Etienne, Nimes, Reims et Saint-Quentin.

Enfin la loi du 2 mai 1855, revenant au principe salutaire de l'unité de législation, auquel les lois précédentes avaient porté atteinte, fit disparaître l'exception en élevant uniformément le taux de la compétence au chiffre de 400 fr.

Le projet actuel se borne donc à prendre pour base de l'extension de compétence qu'il accorde aux juges de paix, en matière de baux, une simple augmentation de 100 fr. sur le loyer annuel.

Ici encore le projet reste de beaucoup en arrière des réclamations qui se sont produites. Il est loin d'ailleurs de satisfaire aux exigences de la situation. Pourquoi une extension de compétence ? Évidemment parce que, à raison de l'accroissement qui s'est produit depuis l'année 1855 dans la valeur de toutes choses, ainsi que nous l'avons dit déjà, le chiffre de 400 fr. a totalement cessé d'être en rapport avec le prix actuel des locations.

Or, cette augmentation n'a-t-elle donc été que d'un quart depuis quinze ans ? En ce qui concerne quelques grands centres de population, en tête desquels la ville de Paris doit être placée, les loyers ont plus que doublé, et, n'étaient les villes de peu d'importance, et surtout les campagnes, il est manifeste que le taux de 1,000 fr. substitué à celui de 400 fr., chiffre actuel, n'aurait rien d'exagéré. Cependant il est permis de craindre qu'à l'égard des petites localités de province, une telle extension présentât quelques inconvénients. Le législateur de 1870 pourrait dès lors se borner à substituer à la limite de 400 fr. celle de 800 fr., chiffre assurément insuffisant en ce qui concerne la ville de Paris où le prix de 400 fr., d'ailleurs extrêmement rare dans certains arrondissements, représente aujourd'hui un chiffre d'au moins 1,200 fr. de loyer annuel.

On a agité la question de savoir si la compétence extraordinaire de notre article s'applique aux baux de meubles et de choses mobilières aussi bien qu'aux baux d'immeubles, et cette question n'a pas été résolue d'une manière uniforme. De très-bons esprits, entre autres Curasson et le professeur Benech, ont adopté l'affirmative. Nous croyons cette doctrine erronée : l'ensemble de l'article, les divers modes d'évaluation qu'il établit, démontrent péremptoirement, à notre avis, que le législateur a eu en vue d'amoindrir les difficultés qu'éprouvaient les propriétaires à obtenir le paiement des petits loyers, et de leur faciliter le moyen de se débarrasser des mauvais locataires. Or, c'est pour faire cesser toute controverse à cet égard que nous proposons d'introduire les mots : *biens immeubles* dans la disposition qui forme l'article 15 du projet.

TEXTES

Art. 4 de la loi du 25 mai 1838.	Art. 16 du projet.	Art. 13. Rédaction proposée.
Les juges de paix connaissent, sans appel, jusqu'à la valeur de 100 francs, et, à charge d'appel, jusqu'au taux de la compétence en dernier ressort des tribunaux de première instance :	Les juges de paix connaissent, sans appel, jusqu'à la valeur de 200 francs, et, à charge d'appel, jusqu'au taux de la compétence en dernier ressort des tribunaux civils d'arrondissement :	Les juges de paix connaissent, sans appel, jusqu'à la valeur de 200 francs, et, à charge d'appel, jusqu'au taux de la compétence en dernier ressort des tribunaux civils d'arrondissement :
1° Des indemnités réclamées par le locataire ou fermier pour non-jouissance provenant du fait du propriétaire, lorsque le droit à une indemnité n'est pas contesté ;	1° Des indemnités réclamées par le locataire ou fermier pour non-jouissance provenant du fait du propriétaire, lorsque le droit à une indemnité n'est pas contesté ;	1° Des indemnités réclamées par le locataire ou fermier pour non-jouissance provenant du fait du propriétaire ;
2° Des dégradations et pertes, dans	2° Des dégradations et pertes dans	2° Des dégradations et pertes dont

<table>
<tr>
<td>les cas prévus par les articles 1732 et 1735 du Code Napoléon.
Néanmoins le juge de paix ne connaît des pertes causées par incendie ou inondation que dans les limites posées par l'article 1er de la présente loi.</td>
<td>les cas prévus par les articles 1732, 1733, 1734 et 1735 du Code Napoléon.</td>
<td>le locataire est responsable envers le propriétaire pour cause d'incendie ou d'inondation.</td>
</tr>
</table>

OBSERVATIONS

En reproduisant la disposition de l'art. 4 de la loi de 1838, notre article supprime la restriction que le législateur d'alors a cru devoir apporter à la compétence lorsque les dégradations et pertes sont la suite d'incendie ou d'inondation. Le juge de paix n'en connaît aujourd'hui que dans les limites fixées par l'art. 1er (200 fr.) : désormais la demande devrait être portée devant lui, comme pour toutes autres dégradations ou pertes, toutes les fois que la somme réclamée n'excède pas le taux de la compétence des tribunaux d'arrondissement.

Nous eussions préféré à cette extension de compétence, qui n'aura dans la pratique que des résultats à peu près insignifiants, une amélioration bien autrement importante et qui consisterait tout simplement à revenir à la législation de 1790 (art. 10, n. 4, de la loi du 16-24 août) qui avait atttribué aux juges de paix, en matière de dégradations, de même qu'en matière de réparations locatives, une compétence illimitée, tandis que, comme on vient de le voir, le législateur de 1838 a restreint cette compétence au chiffre de 1,500 fr., innovation regrettable, que rien ne justifiait, ce nous semble, et dont la pratique révèle chaque jour le grave inconvénient.

Les dégradations et pertes que les art. 1732 à 1735 mettent à la charge du locataire et le défaut de réparations locatives ont une même cause génératrice ; le plus souvent la dégradation n'est qu'une conséquence du défaut de réparations. Dans la généralité des cas, la confusion est complète à ce point qu'il est impossible d'en distinguer les causes et d'en séparer la vérification. Sous l'empire de la loi de 1790, cela ne présentait aucun inconvénient, puisque le juge de paix était investi du pouvoir de statuer sur le tout, quels que fussent le chiffre des indemnités et la valeur des travaux à exécuter. Il n'en est plus de même aujourd'hui que la compétence, quant aux dégradations et pertes, est limitée ; et il en résulte, d'une part, que les demandes relatives à cet objet ne peuvent être soumises à la justice cantonale qu'autant que le demandeur borne sa réclamation à un certain chiffre, ce qui présente presque toujours une extrême difficulté, et, d'autre part, que, quand elles sont indéterminées, quoique d'une importance minime, et bien que réunies à une action à fin de réparations locatives, le juge de paix, s'il en a été saisi, se trouve, à raison de la connexité, dans l'obligation de renvoyer la cause entière et les parties devant le Tribunal civil. Nous répétons que c'est là un grave inconvénient : il existe entre l'action pour dégradations et la demande à fin de réparations locatives, une affinité telle que nous regardons comme une anomalie de ne les avoir point soumises l'une et l'autre, ainsi que l'avait fait le législateur de 1790, à un même type d'attributions.

Nous demanderions donc que l'on en revînt, pour cette matière, à la compétence illimitée, et que l'attribution dont il s'agit prît place dans le deuxième paragraphe de l'art. 17, dont nous examinerons prochainement les dispositions.

Toutefois, on sait que les dispositions des art. 1733 et 1734 du Code Napoléon, qui règlent la responsabilité des locataires envers le propriétaire en cas d'incendie, présentent quelquefois des difficultés d'interprétation considérables. On sait qu'il n'est pas toujours aisé de reconnaître quand la présomption de faute que la loi fait peser sur le locataire cesse ou non d'exister.

D'un autre côté, en matière d'inondation, la loi ne contient aucune disposition particulière qui régisse le contrat de bail et les rapports de propriétaires et locataires ou fermiers. Ceux-ci ne sont donc responsables à cet égard que de leurs délits ou quasi délits, conformément aux art. 1382 et suiv. du Code précité, lorsqu'il est prouvé que, de leur part ou de la part des personnes dont ils doivent répondre, il y a fait volontaire, négligence ou imprudence d'où est provenue l'inondation. Or, ce cas de responsabilité peut aussi présenter de graves et délicates questions à résoudre.

C'est pourquoi, dans ces deux matières, nous proposons de limiter, comme le fait le projet actuel, la compétence des juges de paix au taux de celle des tribunaux d'arrondissement.

Il est encore une modification qui nous semblerait devoir être apportée à la première disposition de notre article, laquelle est relative aux indemnités réclamées par un locataire ou fermier pour non-jouissance provenant du fait de son propriétaire.

On a vu qu'à cet égard la compétence des juges de paix cesse lorsque le droit à l'indemnité est contesté. Or, cette restriction a été diversement interprétée par les commentateurs de la loi du 25 mai 1838, et a même donné lieu à des décisions contradictoires de la part des tribunaux. En quoi la contestation dont il s'agit doit-elle consister pour dessaisir le juge de paix ? Suffit-il, par pur caprice ou dans le seul but de changer l'ordre des juridictions, de dire : « *Je conteste le droit à une indemnité*, » sans appuyer la contestation d'aucun motif sérieux ou qui, du moins, présente quelque apparence de fondement ? Le juge de paix, incompétent pour connaître du litige lorsqu'une contestation est opposée, l'est-il donc pour en apprécier le caractère et l'utilité ? La jurisprudence et les auteurs sont loin d'être d'accord pour reconnaître si telle prétention émise par le propriétaire constitue ou non une contestation du droit dans le sens de la loi.

Nous pensons donc qu'il y aurait grand avantage à voir disparaître la restriction dont il s'agit, restriction que nous n'avons jamais bien comprise d'ailleurs, avouons-le, car, quand le propriétaire reconnaît devoir une indemnité à son locataire à raison de la non jouissance dont se plaint celui-ci, il n'y a pas, à vrai dire, de litige entre eux, et il est bien rare que la justice soit saisie d'une réclamation où tout se réduirait à une question d'appréciation de l'importance du préjudice souffert et de fixation du chiffre de l'indemnité qui, dans la généralité des cas, se résout par la voie de l'expertise. Ne dirait-on pas qu'en attribuant aux juges de paix la connaissance des contestations de cette nature, le législateur a pris le soin d'empêcher que la solution ne doive leur en appartenir ? En effet, la loi exige, d'une part, que la non-jouissance provienne du fait du propriétaire ; et, d'autre part, ainsi que nous venons de le dire, il faut encore qu'aucune contestation n'existe entre les parties sur le droit à l'indemnité.

Quel danger, quel inconvénient y aurait-il donc à ce que le juge de paix fût chargé d'examiner la valeur de cette contestation ? N'est-ce pas là une exception de la nature de celles dont ce magistrat est appelé à connaître par cela qu'il est le juge de l'action? Que l'on restreigne la compétence au cas où le fait qui donne lieu à l'action est le fait du propriétaire et non celui d'un tiers, soit; mais qu'on supprime cette condition de la reconnaissance du droit qui n'a réellement aucune raison d'être et qui ne peut qu'engendrer des difficultés.

En résumé, et comme l'indique la rédaction qui nous paraît devoir être substituée à celle de l'article 16 du projet, nous proposons :

1° D'attribuer aux juges de paix la connaissance des dégradations et pertes, autres que celles occasionnées par incendie ou inondation, à quelque somme ou valeur que la demande puisse s'élever, attribution qui, comme nous l'avons dit, prendrait place dans l'article suivant.

2° De maintenir dans la sphère d'attributions limitées au taux de la compétence en dernier ressort des tribunaux d'arrondissement les actions pour dégradations et pertes, ayant pour cause l'inondation ou l'incendie, et celles pour non-jouissance provenant du fait du propriétaire, mais en supprimant la condition que le droit à l'indemnité ne soit pas contesté.

TEXTES

Art. 5 de la loi du 25 mai 1838.	Art. 17 du projet.	Art. 14. Rédaction proposée.
Les juges de paix connaissent également, sans appel, jusqu'à la valeur de 100 francs, et, à charge d'appel, à quelque valeur que la demande puisse s'élever : 1° Des actions pour dommages faits aux champs, fruits et récoltes, soit par l'homme, soit par les animaux, et de celles relatives à l'élagage des arbres ou haies, et au curage, soit des fossés, soit des canaux servant à l'irrigation des propriétés ou au mouvement des usines, lorsque les droits de propriété ou de servitude ne sont pas contestés ; 2° Des réparations locatives des maisons ou fermes mises par la loi à la charge du locataire ; 3° Des contestations relatives aux engagements respectifs des gens de travail au jour, au mois et à l'année, et de ceux qui les emploient ; des maîtres et des domestiques ou gens de service à gages ; des maîtres et de leurs ouvriers ou apprentis, sans néanmoins qu'il soit dérogé aux lois et règlements relatifs à la juridiction des prud'hommes ; 4° Des contestations relatives au paiement des nourrices, sauf ce qui est prescrit par les lois et règlements d'administration publique à l'égard des bureaux de nourrices de la ville de Paris et de toutes les autres villes ; 5° Des actions civiles pour diffamation verbale et pour injures pu-	Les juges de paix connaissent, sans appel, jusqu'à la valeur de 200 francs, et, à charge d'appel, à quelque valeur que la demande puisse s'élever : 1° Des actions pour dommages faits aux champs, fruits et récoltes, soit par l'homme, soit par les animaux, et de celles relatives à l'élagage des arbres ou haies, et au curage, soit des fossés, soit des canaux servant à l'irrigation des propriétés ou au mouvement des usines, lorsque les droits de propriété ou de servitude ne sont pas contestés ; 2° Des réparations locatives des maisons ou fermes mises par la loi à la charge du locataire ; 3° Des contestations relatives aux engagements respectifs des gens de travail au jour, au mois et à l'année, et de ceux qui les emploient ; des maîtres et des domestiques ou gens de service à gages ; des maîtres et de leurs ouvriers ou apprentis, sans néanmoins qu'il soit dérogé aux lois et règlements relatifs à la juridiction des prud'hommes ; 4° Des contestations relatives au paiement des nourrices, sauf ce qui est prescrit par les lois et règlements d'administration publique à l'égard des bureaux de nourrices de la ville de Paris et de toutes les autres villes ; 5° Des actions civiles pour diffamation verbale et pour injures publiques ou non publiques, verbales ou par écrit, autrement que par la voie	Les juges de paix connaissent, sans appel, jusqu'à la valeur de 200 francs, et, à charge d'appel, à quelque valeur que la demande puisse s'élever : 1° Des actions pour dommages faits aux champs, fruits et récoltes, soit par l'homme, soit par les animaux, et de celles relatives à l'élagage des arbres ou haies, et au curage, soit des fossés, soit des canaux servant à l'irrigation des propriétés ou au mouvement des usines, lorsque les droits de propriété ou de servitude ne sont pas contestés ; 2° Des réparations locatives des maisons ou fermes mises par la loi à la charge du locataire, et des dégradations et pertes dont le locataire est tenu conformément aux articles 1732 et 1735 du Code Napoléon ; 3° Des contestations relatives aux engagements respectifs des gens de travail au jour, au mois et à l'année, et de ceux qui les emploient ; des maîtres et de leurs employés, domestiques ou gens de service à gages ; 4° Des contestations relatives aux engagements respectifs des maîtres et de leurs ouvriers ou apprentis ; des demandes à fin d'exécution ou de résolution de contrat d'apprentissage, et du règlement des indemnités ou restitutions, lorsqu'elles n'ont point été l'objet de stipulations expresses ; des actions en indemnité qui peuvent être dirigées contre les tiers pour

bliques ou non publiques, verbales ou par écrit, autrement que par la voie de la presse ; des mêmes actions pour rixes ou voies de fait ; le tout lorsque les parties ne se sont pas pourvues par la voie criminelle.

de la presse ; des mêmes actions pour rixes ou voies de fait ; le tout lorsque les parties ne se sont pas pourvues par la voie criminelle.

cause de détournement d'apprentis, par application de l'article 13 de la loi du 22 février 1851 ; le tout sans qu'il soit dérogé aux lois et règlements relatifs à la juridiction des prud'hommes ;

5° Des contestations relatives au paiement des nourrices, sauf ce qui est prescrit par les lois et règlements d'administration publique à l'égard des bureaux de nourrices de la ville de Paris et de toutes autres villes ;

6° Des actions civiles pour diffamation verbale et pour injures publiques ou non publiques, verbales ou par écrit, autrement que par la voie de la presse ; des mêmes actions pour rixes ou voies de fait légères ; le tout lorsque les parties ne se sont pas pourvues par la voie criminelle.

7° Des contestations auxquelles peuvent donner lieu les baux à cheptel simple et les baux à cheptel à moitié dont les principes sont régis par les article 1804 à 1820 du Code Napoléon.

OBSERVATIONS

I. — *Actions pour dégradations et pertes.*

Nous avons introduit au second paragraphe du présent article, comme on vient de le voir, une disposition qui, assimilant ces actions à celles en réparations locatives et les y réunissant, en attribue la connaissance aux juges de paix, quelle que soit la valeur de la demande. En ce qui concerne les motifs qui justifient cette proposition, nous nous bornons à renvoyer aux observations dont nous avons accompagné l'article précédent.

II. — *Contestations des maîtres et domestiques ou gens de service.*

On a discuté beaucoup pour arriver à reconnaître quelles sont la portée et l'étendue du mot : *domestique*, dans le sens des lois des 16-24 août 1790 et 25 mai 1838. Ne s'applique-t-il qu'aux individus qui sont ainsi désignés, d'après l'usage, c'est-à-dire à ceux employés aux travaux manuels de la maison où ils tiennent un rang inférieur, louant à prix d'argent, moyennant un salaire ou une rétribution universellement connus sous la dénomination spéciale de gages, le travail de leurs mains ainsi que leur temps, bien plutôt que leurs soins.

L'expression : *domestique*, au contraire, comprend-elle, dans son acception générale, toutes les personnes attachées à la maison du maître, quelque relevés et honorables que soient d'ailleurs leur emploi ou leur fonction, par exemple, les *bibliothécaires, précepteurs, instituteurs particuliers, aumôniers ou chapelains, secrétaires, intendants ; les clercs de notaire, d'avoués ou d'huissiers, les caissiers, les commis,* enfin tous *employés* quelconques, dont la rémunération reçoit la qualification, non de gages ou salaire, mais celle de traitement, appointements, honoraires, émoluments, etc.

De très-bons esprits, parmi lesquels il faut placer en première ligne le vénérable Henrion de Pansey, premier président de la Cour suprême, ont adopté cette dernière opinion. Mais la doctrine contraire, qui compte aussi de nombreux adhérents, nous a toujours semblé devoir mériter la préférence. Dans le langage moderne, le mot *domestique* ne s'emploie que pour désigner ceux qui, placés dans un état absolu et continuel de dépendance vis-à-vis des maîtres auxquels ils rendent des services réputés humbles et qui entraînent un assujettissement personnel, tels que les *laquais, portiers, suisses, valets et femmes de chambre, cuisiniers, cochers, charretiers, bergers, pâtres, garçons de cour, de ferme ou de labour, servantes de fermes, filles de basse-cour*, etc., les seuls dont le salaire soit désigné sous le nom de *gages*. Il en est différemment des aumôniers ou chapelains, bibliothécaires, secrétaires, précepteurs, clercs, commis, employés de magasin ou de bureau, etc., dont les appointements, qui n'ont pas le caractère de *gages* proprement dits, sont la rémunération, non de services personnels et assujettissants au point de vue matériel, mais de services et de soins d'un ordre intellectuel et moral.

Quoi qu'il en soit, le doute subsiste, et c'est au législateur qu'il appartient de le faire cesser. L'introduction du mot : *employés* au paragraphe concernant les contestations dont il s'agit suffira pour atteindre ce but.

III. — *Contestations des maîtres et ouvriers ou apprentis.*

Nous avons dit, dans nos observations générales sur le présent chapitre, que les contestations en matière de contrat d'apprentissage (loi du 22 février 1851, art. 18 et 19) devraient y figurer. Or, c'est dans la disposition du présent article que cette attribution doit trouver place. On a vu ci-dessus que toute cette nature de contestations nous a paru devoir être l'objet d'un paragraphe particulier.

IV. — *Actions civiles pour rixes et voies de fait.*

C'est encore une question très-controversée en doctrine que celle de savoir quelle est l'étendue de la compétence civile attribuée aux juges de paix en matière de rixes et voies de fait, par l'article 5, n° 5, de la loi du 25 mai 1838 qui, sous ce rapport, s'est borné à reproduire la disposition de l'article 10, n° 6, de la loi du 16-24 août 1790, disposition que renouvelle la partie finale de l'article 17 du projet objet de notre examen.

Cette compétence ne comprend-elle que les voies de fait et légères violences constitutives de simples contraventions et punissables, encore aujourd'hui, par application de l'article 605, n° 8, du Code des délits et des peines, du 3 brumaire an IV, et dont la répression a lieu par voie de simple police?

Embrasse-t-elle, au contraire, les violences et voies de fait graves tout aussi bien que celles qui ne sont que légères, à ce point que l'attribution dont il s'agit s'étendrait à tous les cas où l'action civile a pour cause des voies de fait accompagnées ou non de coups ou blessures, et quel que soit le Tribunal répressif qui dût être saisi de la poursuite si le plaignant entendait se pourvoir par la voie criminelle?

Plusieurs commentateurs de la loi de 1838, se fondant sur la généralité des termes de notre article, ont adopté cette dernière opinion. D'autres, au contraire, ont soutenu que le législateur de 1838, en se bornant à introduire dans la loi nouvelle, sans modification aucune, une disposition déjà existante, n'a entendu attribuer aux juges de paix, comme l'avait voulu le législateur de 1790 lui-même, que la connaissance des rixes, voies de fait et violences légères dans lesquelles personne n'a été ni blessé ni frappé, et qui étaient alors, comme elles le sont encore aujourd'hui, punissables des peines de police.

On peut trouver assez bizarre que le législateur, s'il est vrai qu'il ait entendu restreindre ainsi la compétence à des voies de fait tellement légères qu'il n'en est résulté ni blessures ni coups, ait placé les actions civiles dont il s'agit dans la catégorie de celles dont les juges de paix sont appelés à connaître quelle que soit l'importance de la réclamation. Ne semble-t-il pas qu'en pareille circonstance, la demande de celui qui n'a été ni blessé ni même frappé doit rarement dépasser le taux de la juridiction ordinaire, c'est-à-dire 200 francs, et en tous cas, le chiffre du dernier ressort pour les tribunaux d'arrondissement, c'est-à-dire 1,500 francs. Pas n'était donc besoin de faire à ces actions, d'ailleurs assez rares, les honneurs de la compétence illimitée.

Quoi qu'il en soit, c'est cette dernière doctrine qui, dans la pratique, a prévalu ; c'est celle à laquelle la jurisprudence a apporté l'autorité de ses décisions. Il existe, outre deux jugements de tribunaux de première instance : Clermont-Ferrand, 25 juillet 1851, et Bordeaux, 2 février 1853, cinq arrêts de Cours impériales : Nancy, 4 avril 1840. 6 août 1842 et 13 juin 1846 ; Limoges, 26 août 1845, et Bordeaux, 6 juillet 1856.

Il n'en importe pas moins de mettre fin à la controverse par une disposition précise. C'est pourquoi nous avons proposé, comme on l'a vu, d'ajouter au dernier paragraphe de notre article l'épithète : *légères* aux expressions insuffisantes : *Rixes et voies de fait.*

V. — *Contestations en matière de baux à cheptel.*

Nous avons souvent entendu exprimer le regret que la solution des contestations entre bailleurs et preneurs, en matière de *cheptel simple* et de *cheptel à moitié*, lesquelles donnent presque toujours lieu à des demandes indéterminées, ne fût point soumise aux juges de paix, et nous partageons le sentiment qui fait naître ce regret.

Les contestations dont il s'agit sont généralement relatives : — Au partage des laines et du croît des animaux ; — Aux réclamations du bailleur fondées sur le défaut de soins qu'il reproche au cheptelier ; — A la fixation de la perte ou du profit, dont le règlement s'opère, soit pendant la durée du contrat, soit à l'expiration du cheptel.

En outre, il y a lieu quelquefois à l'examen des difficultés auxquelles donnent naissance les pertes d'animaux que le preneur soutient être la suite d'un cas fortuit.

Ces contestations ne présentent à décider le plus souvent que des questions de pur fait dont la solution doit presque toujours être précédée de l'appréciation et d'un rapport d'experts commis. Or, à quoi bon astreindre les réclamants à porter leur action devant le tribunal d'arrondissement? Pourquoi tant de lenteurs et de frais à l'occasion d'affaires si simples et rarement importantes que le juge de paix, placé près des parties, sur le lieu même, est naturellement appelé à terminer par une décision rapide et peu coûteuse, quand il n'a pu parvenir à mettre fin au différend par la voie de la conciliation ?

Le bail à cheptel est encore usité dans certaines contrées de la France, et ce serait un véritable bienfait pour les petits cultivateurs de soumettre à la justice cantonale le jugement des contestations auxquelles il peut donner lieu, contestations dont le législateur de 1838 a refusé d'attribuer la connaissance aux juges de paix, par le double motif que les conditions de ces sortes de baux sont essentiellement variables, et que l'introduction en France de races d'un grand prix pouvait donner lieu à des difficultés fort sérieuses, soit au point de vue de la valeur des animaux, soit relativement à l'interprétation des conventions intervenues.

Remarquons que notre proposition n'embrasse que les *cheptels simples* et les *cheptels à moitié*, qui sont régis par les articles 1804 à 1820 du Code Napoléon; nous en excluons le *cheptel de fer*, c'est-à-dire celui par lequel le fermier d'une métairie est chargé des bestiaux qu'y a placés le propriétaire, qu'il doit rendre à l'expiration de son bail, d'après l'estimation, et qui sont à ses risques et périls. (Code Napoléon, art. 1821 et suivants.) Or, c'est seulement à l'égard du *cheptel de fer* que les conditions du contrat sont susceptibles de varier beaucoup; et, à supposer que des animaux de race et de grande valeur fassent quelquefois la matière d'un contrat de cette nature, comme l'a pensé le législateur de 1838, ils ne sont jamais l'objet de *cheptels simples* ni de *cheptels à moitié*, les seuls, encore une fois, auxquels s'applique notre proposition, parce que, comme nous l'avons dit précédemment, les difficultés auxquelles ils donnent lieu sont réellement sans importance et sans gravité dans la généralité des cas, et parce que ces difficultés se terminent le plus souvent au moyen d'une expertise qui peut être prescrite et appréciée par le juge de paix tout aussi bien et avec beaucoup moins de lenteurs et de frais que par le tribunal d'arrondissement.

Au surplus, ce que nous demandons a existé déjà, et cela à une époque où le service des justices de paix devait laisser beaucoup à désirer.

Une loi du 15 germinal an III, après avoir réglé les conditions par lesquelles seraient régis à l'avenir tous les baux à cheptel, avait conféré, par son article 12, attribution aux juges de paix pour connaître des contestations auxquelles l'exécution de ces baux pouvait donner lieu. On se demandait, même longtemps après, si cette attribution toute spéciale avait survécu aux circonstances qui l'avaient nécessitée, si elle était demeurée subsistante depuis la promulgation de la loi sur *l'organisation de l'ordre judiciaire*; et, par arrêt du 22 juin 1808, la Cour de cassation a résolu négativement cette question en décidant que l'article 12 de la loi du 15 germinal an III avait dérogé à l'article 9 de celle de 1790, réglant la compétence des juges de paix, mais que cette dérogation, purement temporaire, se trouvait abrogée par la loi du 2 thermidor an VI.

Or, nous croyons qu'il convient de revenir aujourd'hui à la législation de l'an III, pour ce qui concerne les *cheptels simples* et les *cheptels à moitié,* en attribuant aux juges de paix la connaissance des contestations auxquelles peuvent donner lieu ces sortes de contrats, avec cette condition, bien entendu, que les limites de la compétence en dernier ressort n'excéderaient pas le taux ordinaire, c'est-à-dire 200 francs. Nous avons donc introduit la disposition relative à cet objet dans l'article 17 du projet de loi ou, pour dire mieux, dans l'article 14 de notre rédaction, dont elle forme le numéro 7.

TEXTE

Art. 15. (Disposition entièrement nouvelle.)

« Les juges de paix prononcent, sans appel, jusqu'à 200 francs, et, à charge d'appel, quelle
« que soit la valeur de la demande :

« 1° Sur les contestations relatives à l'application des tarifs d'octroi, et à la quotité des droits
« réclamés (loi du 2 vendémiaire an VIII, art. 1er; loi du 27 frimaire an VIII, art. 13; Ordon-
« nance royale du 9 décembre 1814, art. 81);

« 2° Sur celles relatives au paiement des taxes ou droits de péage au passage des bacs, ba-
« teaux et ponts (loi du 24 ventôse an IX, art. 9);

« 3° Sur le règlement des indemnités dues aux propriétaires riverains dont les terrains auront
« été ou devront être employés à l'élargissement (1) des chemins vicinaux, lorsque le chiffre des
« indemnités n'aura point été fixé de gré à gré (2). » (Loi du 21 mai 1836, art. 15.)

OBSERVATIONS

Cette disposition n'est pas nouvelle à vrai dire ; c'est l'introduction au chapitre consacré à la compétence des juges de paix, d'attributions déjà existantes et résultant des lois précédemment citées. (V. *suprà* nos Observations générales sur ce chapitre.)

TEXTES

Art. 6 de la loi du 25 mai 1838.	Art. 18 du projet.	Art. 16. Rédaction proposée.
Les juges de paix connaissent, en outre, à charge d'appel : 1° Des entreprises commises, dans l'année, sur les cours d'eau servant à l'irrigation des propriétés et au mouvement des usines et moulins, sans préjudice des attributions de l'autorité administrative dans les cas déterminés par les lois et par les règle-	Les juges de paix connaissent, mais toujours à charge d'appel : 1° des entreprises commises dans l'année sur les cours d'eau servant à l'irrigation des propriétés et au mouvement des usines et moulins, sans préjudice des attributions de l'autorité administrative dans les cas déterminés par les lois et par les règlements; des dénon-	Les juges de paix connaissent, mais toujours à charge d'appel : 1° Des entreprises commises dans l'année sur les cours d'eau servant à l'irrigation des propriétés et au mouvement des usines et moulins, sans préjudice des attributions de l'autorité administrative dans les cas déterminés par les lois et par les règle-

(1) On ne doit pas confondre l'élargissement avec le redressement d'un chemin vicinal. De même que les travaux d'ouverture d'une voie nouvelle, l'opération du redressement nécessite l'accomplissement des formalités de l'expropriation, et les indemnités sont réglées par le jury conformément aux dispositions combinées de la loi du 3 mai 1841 et de celle de l'article 16 de la loi du 21 mai 1836.

En ce qui concerne l'élargissement, au contraire, il s'agit là d'une incorporation immédiate au sol vicinal des parcelles qui lui sont nécessaires, incorporation qui résulte du seul arrêté préfectoral portant reconnaissance et fixation de la largeur du chemin. Or, c'est du règlement des indemnités dues à raison de ces emprises que les juges de paix ont été chargés par l'article 15 de la loi du 21 mai 1836 précitée.

(2) Quand l'indemnité a été librement et volontairement fixée par les parties elles-mêmes, il n'y a plus lieu ni à expertise ni à règlement. Elle constitue alors une créance ordinaire, déterminée, liquide, formant le prix de la cession des terrains employés à l'élargissement, et le recouvrement de cette créance doit être poursuivi conformément aux règles du droit commun.

ments ; des dénonciations de nouvel œuvre, complaintes, actions en réintégrande et autres actions possessoires fondées sur des faits également commis dans l'année ;

2° Des actions en bornage et de celles relatives à la distance prescrite par la loi, les règlements particuliers et l'usage des lieux, pour les plantations d'arbres ou de haies, lorsque la propriété ou les titres qui l'établissent ne sont pas contestés ;

3° Des actions relatives aux constructions et travaux énoncés dans l'art. 674 du Code Napoléon, lorsque la propriété ou la mitoyenneté du mur ne sont pas contestées ;

4° Des demandes en pension alimentaire n'excédant pas 150 francs par an, et seulement lorsqu'elles seront formées en vertu des art. 205, 206 et 207 du Code Napoléon.

ciations de nouvel œuvre, complaintes, actions en réintégrande et autres actions possessoires fondées sur des faits également commis dans l'année ; 2° des contestations auxquelles peuvent donner lieu l'établissement et l'exercice de la servitude de libre écoulement des eaux provenant du drainage, la fixation du parcours de ces eaux, l'exécution des travaux de drainage ou d'assèchement, les indemnités et les frais d'entretien : le juge de paix, en prononçant, doit concilier les intérêts de l'opération avec le respect dû à la propriété ; s'il y a lieu à expertise, il pourra n'être nommé qu'un expert ; 3° des actions en bornage et de celles relatives à la distance prescrite par la loi, les règlements particuliers et l'usage des lieux, pour les plantations d'arbres ou de haies, lorsque la propriété ou les titres qui l'établissent ne sont pas contestés ; 4° des actions relatives aux constructions et travaux énoncés dans l'article 674 du Code Napoléon, lorsque la propriété ou la mitoyenneté du mur ne sont pas contestées ; 5° des demandes en pension alimentaire n'excédant pas 300 francs par an, et seulement lorsqu'elles seront formées en vertu des articles 205, 206 et 207 du Code Napoléon.

ments ; des dénonciations de nouvel œuvre, complaintes, réintégrandes et autres actions possessoires fondées sur des faits également commis dans l'année ;

2° Des contestations auxquelles peuvent donner lieu l'établissement et l'exercice de la servitude de libre écoulement des eaux provenant du drainage, la fixation du parcours de ces eaux, l'exécution des travaux de drainage ou d'assèchement, les indemnités et les frais d'entretien (loi du 10 juin 1854, art. 5) ;

3° Des actions en bornage et de celles relatives à la distance prescrite par la loi, les règlements particuliers et l'usage des lieux, pour les plantations d'arbres ou de haies, le tout lorsque la propriété ou les titres qui l'établissent ne sont pas contestés ;

4° Des actions relatives aux constructions et travaux énoncés dans l'art. 674 du Code Napoléon, lorsque la propriété ou la mitoyenneté du mur ne sont pas contestées ;

5° Des fraudes et contraventions en matière de douanes, lorsque l'infraction qui a été commise n'entraîne pas l'arrestation des prévenus et l'application de la peine de l'emprisonnement ; des contestations concernant le refus de payer les droits, et des autres affaires relatives aux douanes ; le tout conformément aux lois existantes ;

6° Des demandes en pension alimentaire n'excédant pas 500 francs par année, et seulement lorsqu'elles seront formées en vertu des art. 205, 206 et 207 du Code Napoléon.

OBSERVATIONS

Ces dispositions, qui renferment la nomenclature des actions dont les juges de paix ne connaissent qu'à charge d'appel, quelque minime que soit d'ailleurs la valeur réelle de la demande, sont la reproduction de l'article 6 de la loi du 25 mai 1838, avec l'addition, dans un paragraphe intercalaire, de l'article 5 de celle du 10 juin 1854, qui attribue compétence aux juges de paix pour connaître des contestations auxquelles peuvent donner lieu l'établissement et l'exercice de la servitude de drainage. On ne peut qu'approuver pleinement l'introduction de cette attribution dans le texte de notre article ; toutefois, on ne doit pas, ce nous semble, indiquer, dans une disposition qui doit être exclusivement consacrée à régir la compétence, la forme dans laquelle le juge devra procéder. Ce point doit être réglé par la loi spéciale (celle du 10 juin 1854).

À l'ordre de compétence illimitée établi par notre article, mais qui n'existe qu'en premier ressort, ainsi que nous venons de le dire, viennent se rattacher les affaires relatives aux douanes dont la connaissance, qui d'abord avait été attribuée aux tribunaux de district par la loi du 6-22 août 1791, appartient aux juges de paix, comme juges civils, depuis l'an II.

De l'ensemble de la législation qui régit ces matières, et spécialement des lois des 4 germinal an II (titre VI, art. 14, 15 et 16), 14 fructidor an III (art. 10), 9 floréal an VII (titre IV, art. 14), 17 décembre 1814 (titre III, art 16 et 29), 27 mars 1817 (art. 12 à 15), et 21 avril 1818 (art. 38), il résulte que les fraudes et contraventions aux lois de douanes ne cessent d'être de la compétence des juges de paix, qui sont la juridiction ordinaire et de droit commun, que quand les infractions qui ont été commises entraînent l'arrestation des prévenus et leur condamnation à l'emprisonnement, cas dans lesquels le Tribunal de police correctionnelle doit être saisi de la poursuite.

En résumé, les juges de paix connaissent, en cette matière :

1° Des contestations concernant le refus de payer les droits ;

2° De celles relatives au non rapport des acquits à caution ;

3° Des fraudes et contraventions dont nous venons de parler ;

4° Enfin de toutes autres affaires relatives aux douanes.

L'attribution des juges de paix en matière de douanes prendrait place en l'article que nous examinons immédiatement avant celle relative aux pensions alimentaires à laquelle, dans la loi de 1838, a été consacré le paragraphe final. La seule modification que le projet apporte à ce paragraphe consiste dans l'élévation de 150 à 300 francs du taux des pensions annuelles alimentaires sur lesquelles les juges de paix sont appelés à prononcer.

Sous l'empire de cette loi, le chiffre de 150 francs a toujours été considéré comme insuffisant pour faciliter aux grands parents la possibilité d'obtenir justice prompte et peu coûteuse contre des enfants ingrats et dénaturés qui leur refusent le pain qu'ils ne peuvent plus se procurer eux-mêmes dans leurs vieux jours.

Quand l'ascendant est veuf, il peut, à la rigueur, se contenter de 300 francs par année ; mais, lorsque la demande est formée par le père et la mère ou par l'aïeul et l'aïeule, il est manifeste qu'une pension de 150 francs pour chacun (40 centimes par jour !) est insuffisante, surtout dans les grands centres de population où la cherté des subsistances a pris de si grandes proportions. A Paris, la nouvelle loi serait, comme l'ancienne, absolument sans efficacité.

Nous proposons, on l'a vu, de substituer le chiffre de 500 francs au chiffre de 300 francs, qui est celui du projet.

TEXTE

Art. 17. (*Disposition entièrement nouvelle.*)

« Les juges de paix prononcent, comme juges d'appel, et en dernier ressort, sur l'appel des « décisions des commissions municipales relatives à la radiation ou à l'inscription des citoyens « sur les listes électorales. » (Décret-loi du 2 février 1852, art. 22.)

OBSERVATIONS

Cette disposition est le complément de celles dont nous avons proposé l'introduction en ce chapitre afin de réunir et de grouper toutes les lois qui confèrent aux juges de paix des attributions contentieuses.

TEXTES

Art. 19 du projet.

Les juges de paix connaissent, dans toutes les causes qui sont de leur compétence, de la validité et de la nullité des offres réelles faites au cours d'une instance engagée devant eux. Ils connaissent également des offres faites pour satisfaire aux condamnations prononcées par eux, pourvu qu'elles soient notifiées avant tout commandement ou acte d'exécution.

Art. 18. Rédaction proposée.

Les juges de paix connaissent, dans toutes les causes qui sont de leur compétence, de la validité et de la nullité des offres réelles, soit quand la demande est portée devant eux par action principale, soit quand les offres sont faites au cours de l'instance. Les juges de paix connaissent également des offres faites pour satisfaire aux condamnations qu'ils ont prononcées, pourvu qu'elles aient été notifiées avant tout commandement ou acte d'exécution.

Les juges de paix statuent sur ces contestations, soit en dernier ressort, soit à charge d'appel, selon l'importance de la somme.

OBSERVATIONS

Cet article est de droit entièrement nouveau. Il attribue aux juges de paix la connaissance des demandes en validité ou en nullité d'offres réelles, lorsque les causes sont renfermées dans les limites de leur compétence, mais seulement dans deux cas :

1° Si les offres sont faites au cours d'une instance pendante devant le juge de paix ;

2° Si elles sont notifiées (mais avant tout commandement ou acte d'exécution) pour satisfaire à des condamnations prononcées par ce magistrat.

En réalité, c'est seulement dans le dernier cas que les juges de paix reçoivent du projet une attribution nouvelle, et cela sans beaucoup d'utilité, car ce cas se présente bien rarement. Dans le premier, c'est-à-dire lorsque des offres sont faites au cours d'une instance, elles constituent simplement un incident, un moyen de défense que le juge de paix a toujours le pouvoir d'apprécier sans qu'il soit besoin qu'un texte vienne l'en investir : juge de la demande portée devant lui, on ne saurait raisonnablement admettre qu'il puisse suffire d'une notification incidente d'offres réelles pour l'en dessaisir. C'est d'ailleurs ce qu'enseignent tous les auteurs, et ce qu'a très-nettement décidé la Cour impériale de Pau, suivant arrêt du 7 juin 1862.

Ce n'est donc pas, à vrai dire, à cette attribution qu'il est nécessaire de donner place dans la loi, ou du moins s'il convient de l'y inscrire pour prévenir toute difficulté, il est plus important encore de conférer aux juges de paix juridiction pour connaître des offres réelles se rattachant aux causes de leur compétence, même alors que la demande en validité ou en nullité est introduite devant eux par action principale, ce que ne fait point l'article que nous examinons.

Dès l'instant que le créancier n'élève pas ses prétentions à un chiffre qui place le litige en dehors des limites de cette compétence; dès l'instant que, s'il eût pris l'initiative, c'est devant le juge de paix que sa réclamation aurait dû être portée, quel inconvénient y a-t-il donc à ce que ce magistrat soit appelé à statuer sur des offres dont il lui aurait appartenu d'apprécier la valeur et l'utilité, si elles ne se fussent produites que dans le cours de l'instance? Nous n'en apercevons aucun, tandis que le système contraire présente un véritable danger. En effet, si le juge de paix n'est pas compétent pour statuer sur les offres lorsque l'action en validité ou en nullité lui est soumise par la voie principale, un débiteur difficultueux pourra toujours, au moyen d'offres réelles signifiées avant la citation, porter devant le tribunal d'arrondissement une demande en validité qui, retirant à la justice locale la connaissance d'une contestation des plus minimes, mettra le créancier, surtout s'il est nécessiteux, dans l'obligation d'accepter ces offres malgré leur insuffisance, pour éviter les lenteurs du procès et des frais souvent plus élevés que la somme qui lui est légitimement due. Remarquons d'ailleurs que ce que nous proposons d'ériger en loi est un point de doctrine, contesté sans doute, mais reconnu par de bons esprits, et de plus expressément consacré par un arrêt de la Cour de Nîmes, du 19 décembre 1868.

Nous demandons, en outre, de réparer une omission que contient le projet, en ajoutant à notre article, comme disposition finale, que les juges de paix statuent en premier ressort ou à charge d'appel suivant l'importance de la somme.

TEXTE

Art. 19. (*Disposition entièrement nouvelle.*)

« Les juges de paix connaissent des demandes en validité, en nullité ou en main-levée de « saisies-arrêts ou oppositions, lorsque les causes desdites saisies n'excèdent pas 800 francs, que « ces demandes soient formées par action principale ou incidemment dans le cours d'une instance « pendante devant eux.

« S'il y a concours de plusieurs saisies-arrêts ou oppositions, la compétence attribuée aux « juges de paix par le présent article cessera d'exister lorsque les causes desdites saisies excé- « deront, par leur réunion, la somme ou valeur de 800 francs.

« Dans tous les cas, le juge de paix ne prononcera qu'en premier ressort lorsque la valeur du « litige excédera 200 francs. »

OBSERVATIONS

La jurisprudence et les auteurs sont unanimes pour décider que les juges de paix sont incompétents pour connaître des demandes en validité, nullité ou main-levée des saisies-arrêts, encore bien que les causes de ces saisies rentrent dans les limites de leur juridiction.

Nous comprenons cette solution en l'état actuel de la législation, car le Code de procédure civile (art. 566, 567, 570) soumet expressément le jugement de ces demandes au tribunal civil d'arrondissement. Mais n'y aurait-il pas avantage à en attribuer la connaissance aux juges de paix, non pas, si l'on veut, dans tous les cas où les causes de la saisie sont de leur domaine, mais dans les limites de la compétence ordinaire, c'est-à-dire jusqu'à 500 francs suivant le projet officiel, et 800 francs d'après le nôtre?

On sait qu'il est de jurisprudence que, quand une saisie-arrêt a été formée sans titre pour sûreté d'une créance qui, à raison de sa nature et de son chiffre, rentre dans les limites de la compétence du juge de paix, le Tribunal civil, saisi de la demande en validité, ne peut statuer sur cette demande qu'après que la juridiction compétente a prononcé sur l'existence et sur le *quantum* de la créance. Il existe deux arrêts, l'un de la Cour impériale de Douai, du 18 novembre 1854, l'autre de celle de Bastia, du 3 juillet 1862, et la doctrine de ces arrêts est admise par la généralité des auteurs.

Le créancier saisissant doit donc, en cas pareil, intenter d'abord une première action devant le juge de paix pour obtenir condamnation contre son débiteur; ensuite, et quand le jugement a acquis l'autorité de la chose jugée, former sa demande en validité de la saisie-arrêt devant le tribunal civil d'arrondissement.

Or, une telle involution de procédure est-elle bien nécessaire? Présente-t-elle du moins quelque avantage? Ne vaudrait-t-il pas mieux que la même juridiction fût appelée à statuer simultanément sur les deux actions? N'y aurait-il pas économie de temps et d'argent? Cela ne saurait être l'objet d'un doute. Seulement, convient-il qu'elles soient portées devant le juge de paix ou devant le Tribunal?

Si la préférence est donnée au Tribunal, on tombe dans l'inconvénient grave que nous avons signalé en nous occupant des offres réelles, c'est-à-dire que le créancier pourra, en pratiquant préalablement une saisie-arrêt, changer à son gré l'ordre des juridictions, et traduire son débiteur, pour une créance qui peut être extrêmement minime, devant le tribunal civil d'arrondissement. Il est donc infiniment préférable, sauf à s'arrêter aux limites ordinaires de la compétence, ainsi que nous l'avons dit précédemment, de placer la connaissance des demandes dont il s'agit dans les attributions des juges de paix. Nous avons donné ci-dessus le texte de la disposition qui deviendrait alors l'article 19.

Si notre idée est accueillie, il y aurait lieu de modifier les articles 558 et suivants du Code de procédure actuel, et nous proposerions :

1° De conférer aux juges de paix le pouvoir de permettre les saisies-arrêts qui sont pratiquées sans titre, lorsque les causes rentrent dans la limite qui vient d'être indiquée ;

2° De mettre les dispositions desdits articles 558 et suivants en harmonie avec la nouvelle attribution. Par exemple, en ce qui concerne les saisies-arrêts dont nous nous occupons ici, de supprimer la dénonciation au débiteur (art. 563), la contredénonciation au tiers saisi (art. 564) et l'affirmation au greffe (art. 571), etc. On se bornerait à disposer que le tiers saisi et le débiteur seraient appelés simultanément devant le juge de paix qui, sans autres formalités, recevrait la déclaration affirmative et prononcerait, après débats, tant sur la créance du saisissant, si elle était contestée, que sur les effets de la saisie-arrêt ou opposition elle-même.

Quels immenses avantages résulteraient d'une telle simplification de la procédure dans les petites affaires! Peu ou point de frais, et conclusion rapide du différend dans une matière où les formes sont si lentes et si coûteuses! Combien de petits créanciers rentreraient en possession de l'argent qui leur est dû au moyen d'une saisie-arrêt qu'ils ne pratiquent pas ou à laquelle ils sont contraints de ne pas donner suite dans l'état actuel de la législation !

TEXTES (1)

Art. 10 de la loi du 25 mai 1838.	Art. 23 du projet.	Art. 20. Rédaction proposée.
Dans les cas où la saisie-gagerie ne peut avoir lieu qu'en vertu de permission de justice, cette permission sera accordée par le juge de paix du lieu où la saisie devra être faite, toutes les fois que les causes rentreront dans sa compétence. S'il y a opposition de la part des tiers, pour des causes et pour des sommes qui, réunies, excéderaient cette compétence, le jugement en sera déféré aux tribunaux de première instance.	Dans les cas qui donnent lieu à la saisie sur débiteurs forains et dans les cas où la saisie-gagerie ne peut avoir lieu qu'en vertu d'une permission de justice, la permission de saisir sera accordée par le juge de paix du lieu où la saisie devra être faite, toutes les fois que les causes rentreront dans sa compétence. S'il y a opposition de la part des tiers, pour des causes et pour des sommes qui, réunies, excéderaient cette compétence, le jugement en sera déféré aux tribunaux civils d'arrondissement.	Dans les cas où la saisie-gagerie ne peut avoir lieu qu'en vertu d'une permission de justice, l'autorisation de saisir sera accordée par le juge de paix du lieu où la saisie devra être faite, toutes les fois que les causes rentreront dans sa compétence. Dans les cas qui donnent lieu à la saisie sur débiteurs forains, l'autorisation de pratiquer cette saisie devra également être accordée par le juge de paix du lieu, lequel connaîtra des demandes en validité et en nullité auxquelles elle pourra donner lieu, lorsque les causes de la saisie rentreront dans les limites de sa compétence. Si, dans le cours d'une instance en validité ou en nullité de saisie-gagerie ou de saisie-foraine, il survient des oppositions de la part des tiers, le jugement en sera déféré aux tribunaux civils d'arrondissement lorsque les causes de ces oppositions seront d'une valeur indéterminée ou lorsque cette valeur excédera 800 francs. Dans tous les cas ci-dessus, le juge de paix ne prononcera qu'en premier ressort si l'importance du litige excède 200 francs.

OBSERVATIONS

Sous la législation actuelle (art. 10 de la loi de 1838) s'est agitée la question de savoir si le juge de paix auquel cet article confère attribution pour permettre la saisie-gagerie, lorsque les causes rentrent dans sa compétence, est également investi du droit d'autoriser une saisie-foraine.

Quelques auteurs enseignent la négative en se fondant sur ce que la saisie-foraine, appelée d'ailleurs saisie-arrêt par la loi (Code de procéd., art. 822), n'a pas en réalité le caractère d'une saisie-gagerie. Quelque exact que puisse être ce motif, la doctrine à laquelle il sert de base est manifestement erronée, puisque l'article 822 précité confère de la manière la plus expresse au juge de paix le pouvoir dont il s'agit.

(1) En continuant notre examen, nous sommes dans la nécessité d'intervertir l'ordre des numéros que le projet assigne à ses articles 20, 21, 22, 23 et 24, parce que ces articles nous paraissent susceptibles d'une classification meilleure, et parce que, en réalité, nous en proposons une autre. Ainsi l'article 23 du projet relatif aux saisies-gageries et foraines prendrait place immédiatement après ceux concernant les offres réelles et les saisies-arrêt, et deviendrait l'article 20. Ainsi encore les dispositions qui règlent la compétence et le degré de juridiction à l'égard des demandes multiples et collectives contre un même défendeur ou entre plusieurs parties, dispositions qui d'ailleurs nous ont paru devoir être divisées en deux articles différents portant les numéros 21 et 22, précéderaient celles que le projet consacre aux demandes reconventionnelles et en compensation sous les numéros 20 et 21, et qui désormais seraient les articles 23 et 24.

Il n'y a donc, à vrai dire, aucune utilité à introduire cette attribution dans l'article dont nous nous occupons, et dont la disposition, sauf l'addition dont il s'agit, est la reproduction exacte de l'article 10 de la loi de 1838. Disons plus, cette addition, dans les termes où elle est faite, présenterait un grave inconvénient; nous allons le démontrer.

Suivant l'article 822 du Code de procédure, le juge de paix peut, concurremment avec le président du tribunal civil d'arrondissement, permettre la saisie-foraine, quelle que soit l'importance de la créance pour sûreté de laquelle elle doit être pratiquée. Notre article voudrait, au contraire, que, de même qu'en matière de saisie-gagerie, ce pouvoir fût limité au cas où les causes de la saisie rentrent dans les limites de la compétence. Or, d'après la maxime: *Posteriora prioribus derogant,* il est manifeste que l'attribution générale contenue en l'article 822 cesserait d'exister pour faire place à celle plus restreinte résultant de la nouvelle disposition, ce qui, répétons-le, serait un très-grave inconvénient. N'importe-t-il pas essentiellement, en effet, alors surtout que la saisie-foraine doit être pratiquée dans une localité qui n'est pas le siége du Tribunal, n'importe-t-il pas essentiellement, disons-nous, que le créancier puisse toujours s'adresser au juge de paix pour obtenir l'autorisation dont il a besoin? Il s'agit là d'une mesure qui doit être prise d'urgence; le moindre retard peut compromettre gravement les intérêts qu'elle a pour but de sauvegarder, et c'est ce qu'a parfaitement compris le législateur de 1806 en rédigeant l'article 822 : son œuvre ne doit donc subir aucune modification.

Cependant aucune disposition n'attribue aux juges de paix la connaissance des saisies-foraines ; et c'est une heureuse innovation que notre article vient apporter à la législation actuelle en soumettant à ces magistrats le jugement des demandes en validité et en nullité de ces sortes de saisies, dans les mêmes limites que celles où ils sont appelés à statuer sur les saisies-gageries, c'est-à-dire toutes les fois que les causes rentrent dans leur compétence.

Cette attribution aura l'excellent résultat de faire cesser la controverse qui existe à cet égard, et à tort, croyons-nous, car, d'une part, la saisie-foraine n'a réellement pas le caractère d'une saisie-gagerie, puisque les meubles sur lesquels elle est pratiquée sont, non pas le gage spécial du créancier saisissant, comme dans le cas de location, mais le gage commun de tous les créanciers, conformément aux principes généraux ; d'autre part, l'article 10 de la loi de 1838 se réfère bien évidemment à l'article 3, dans lequel le juge de paix puise sa compétence pour connaître des saisies-gageries.

Quoi qu'il en soit, il est d'une grande utilité que cette compétence du juge de paix soit étendue à la saisie-foraine dans tous les cas où les causes de cette saisie sont renfermées dans les limites de sa juridiction. Seulement, le texte de l'article que nous examinons, suffisant quant aux saisies-gageries, puisque l'attribution en ce qui les concerne est contenue dans l'art. 15 (ancien art. 3), ne l'est point relativement aux saisies-foraines, car ledit article ne s'occupe de régler la compétence qu'au double point de vue de l'autorisation, lorsqu'elle doit être accordée, et du cas où il y aurait opposition de la part des tiers, hypothèse prévue par la disposition finale de notre article, laquelle, d'ailleurs et sous un autre rapport, est susceptible aussi d'une meilleure rédaction. Cette disposition finale porte que, s'il y a opposition de la part des tiers, pour des causes et pour des sommes qui, réunies, excéderaient *cette compétence*, le jugement en sera déféré aux tribunaux d'arrondissement.

Or, de quelle compétence est-il ici question ? Cette difficulté n'a cessé d'être l'objet d'une vive controverse entre les auteurs. Quelques-uns ont prétendu que le législateur a voulu parler de la compétence en matière de baux ; d'autres enseignent que cette compétence, variable comme les causes des oppositions elles-mêmes, est tantôt limitée à 200 francs ou à 1,500 francs, et tantôt illimitée, selon la nature et le chiffre de la créance ; d'autres enfin, et nous sommes de leur avis, soutiennent que la compétence dont il s'agit est toujours et invariablement celle générale ordinaire limitée à 200 francs par l'art. 1er de la loi de 1838. Nous sommes de cet avis, disons-nous, parce que, les créanciers du saisi n'étant autorisés par l'art. 609 du Code de procédure civile à former opposition que sur le prix de la vente, les tiers opposants dont parle notre article ne peuvent s'entendre que de ceux qui interviennent pour revendiquer en nature la propriété des meubles saisis, soit comme acheteurs, soit à tout autre titre. Or, la cause des oppositions constitue une matière personnelle et mobilière ordinaire, dont le juge de paix ne peut connaître que dans la limite que nous venons d'indiquer. Donc ce ne peut être qu'à cette compétence générale ordinaire que notre article entend se référer.

C'est pourquoi nous avons proposé de rédiger cet article de manière à conférer d'abord attribution aux juges de paix pour connaître des saisies-foraines, et ensuite à restreindre la compétence, à l'égard des deux espèces de saisies, s'il survient des oppositions, au cas où la cause de ces oppositions n'excède pas 800 francs. Enfin nous avons ajouté un paragraphe final destiné à limiter le taux du dernier ressort, au chiffre normal de 200 francs.

TEXTES

Art. 9 de la loi du 25 mai 1838.	Art. 22 du projet de loi.	Art. 21. Rédaction proposée.
Lorsque plusieurs demandes formées par la même partie seront réunies dans une même instance, le juge de paix ne prononcera qu'en premier ressort, si leur valeur totale s'élève au-dessus de 100 francs, lors même que quelqu'une de ces demandes serait inférieure à cette somme. Il sera incompétent sur le tout, si ces demandes excèdent, par leur réunion, les limites de sa juridiction.	Lorsque plusieurs demandes formées par la même partie contre le même défendeur, seront réunies dans une même instance, le juge de paix ne prononcera qu'en premier ressort si leur valeur totale s'élève au-dessus de 200 francs, lors même que quelqu'une de ces demandes serait inférieure à cette somme. Il sera incompétent sur le tout, si ces demandes excèdent, par leur réunion, les limites de sa juridiction.	Lorsque plusieurs demandes formées par la même partie contre le même défendeur sont réunies dans une même instance, le juge de paix prononcera sans qu'il y ait lieu à l'appel, si chacune de ces demandes est placée dans les limites de sa compétence en dernier ressort. Si l'une des demandes n'est susceptible d'être jugée qu'à charge d'appel, le juge de paix ne prononcera sur toutes qu'en premier ressort. Enfin, si l'une de ces demandes excède les limites de sa compétence, il pourra, soit retenir le jugement des autres demandes, soit renvoyer sur le tout les parties à se pourvoir devant le tribunal civil d'arrondissement.
		Art. 22. Rédaction proposée.
La demande formée par plusieurs demandeurs ou contre plusieurs défen-		Lorsqu'une ou plusieurs demandes seront formées par plusieurs deman-

<table>
<tr><td>

deurs, même collectivement et en vertu d'un titre commun, sera jugée en dernier ressort si la part afférente à chacun des demandeurs ou à chacun des défendeurs dans la demande n'est pas supérieure à 200 francs; elle sera jugée pour le tout en premier ressort, si la part d'un seul des intéressés excède cette somme.

</td><td>

deurs ou contre plusieurs défendeurs, même collectivement et en vertu d'un titre commun ou d'une cause commune, le juge de paix aura compétence pour en connaître si la part afférente à chacun des demandeurs ou à chacun des défendeurs dans la demande n'excède pas les limites de cette compétence. Il statuera en dernier ressort si cette part n'excède pas 200 francs, et en premier ressort à l'égard de toutes les parties si la part d'un seul des intéressés est supérieure à ce taux. Enfin le juge de paix sera incompétent sur le tout si cette part excède les limites de sa juridiction.

</td></tr>
</table>

Art. 7 de la loi du 25 mai 1838.	Art. 20 du projet.	Art. 23. Rédaction proposée.

<table>
<tr><td>

Les juges de paix connaissent de toutes les demandes reconventionnelles ou en compensation qui, par leur nature ou leur valeur, sont dans les limites de leur compétence, alors même que, dans les cas prévus par l'article 1er, ces demandes réunies à la demande principale, s'élèveraient au-dessus de 200 francs. Ils connaissent, en outre, à quelques sommes qu'elles puissent monter, des demandes reconventionnelles en dommages-intérêts fondées exclusivement sur la demande principale elle-même.

</td><td>

Les juges de paix connaissent de toutes les demandes reconventionnelles ou en compensation qui, par leur nature ou par leur valeur, sont dans les limites de leur compétence, alors même que, dans les cas prévus par l'art. 13, ces demandes, réunies à la demande principale, s'élèveraient au-dessus de 500 francs. Ils connaissent, en outre, à quelques sommes qu'elles puissent monter, des demandes reconventionnelles en dommages-intérêts fondées exclusivement sur la demande principale elle-même.

</td><td>

Les juges de paix connaissent de toutes les demandes reconventionnelles ou en compensation qui, par leur nature et par leur valeur, sont dans les limites de leur compétence, alors même que ces demandes, réunies à la demande principale, excéderaient les limites de leur juridiction. Ils connaissent, en outre, soit en premier ressort, soit à charge d'appel, selon leur importance, mais à quelques sommes qu'elles puissent monter, des demandes reconventionnelles en dommages-intérêts fondées exclusivement sur la demande principale elle-même.

</td></tr>
</table>

Art. 8 de la loi du 25 mai 1838.	Art. 21 du projet.	Art. 24. Rédaction proposée.

<table>
<tr><td>

Lorsque chacune des demandes principales, reconventionnelles ou en compensation, sera dans les limites de la compétence du juge de paix en dernier ressort, il prononcera sans qu'il y ait lieu à appel.

Si l'une de ces demandes n'est susceptible d'être jugée qu'à charge d'appel, le juge de paix ne prononcera sur toutes qu'en premier ressort.

Si la demande reconventionnelle ou en compensation excède les limites de sa compétence, il pourra, soit retenir le jugement de la demande principale, soit renvoyer, sur le tout, les parties à se pourvoir devant le Tribunal de première instance, sans préliminaire de conciliation.

</td><td>

Lorsque chacune des demandes principales, reconventionnelles ou en compensation, sera dans les limites de la compétence du juge de paix en dernier ressort, il prononcera sans qu'il y ait lieu à appel. Si l'une de ces demandes n'est susceptible d'être jugée qu'à charge d'appel, le juge de paix ne prononcera sur toutes qu'en premier ressort. Si la demande reconventionnelle ou en compensation excède les limites de sa compétence, il pourra, soit retenir le jugement de la demande principale, soit renvoyer, sur le tout, les parties à se pourvoir devant le tribunal civil d'arrondissement, sans préliminaire de conciliation.

</td><td>

Lorsque chacune des demandes principales, reconventionnelles ou en compensation, sera dans les limites de la compétence du juge de paix en dernier ressort, il prononcera sans qu'il y ait lieu à l'appel.

Si l'une de ces demandes n'est susceptible d'être jugée qu'à charge d'appel, le juge de paix ne prononcera sur toutes qu'en premier ressort.

Si la demande reconventionnelle ou en compensation excède les limites de sa compétence, il pourra, soit retenir le jugement de la demande principale, soit renvoyer, sur le tout, les parties à se pourvoir devant le tribunal civil d'arrondissement.

</td></tr>
</table>

OBSERVATIONS

Pour l'intelligence des observations auxquelles donnent lieu les art. 22, 20 et 21 du projet, auxquels nous proposons de substituer les art. 21, 22, 23 et 24 de notre rédaction, il nous a paru indispensable de réunir les textes, parce qu'il est nécessaire de s'occuper de l'art. 20 tout d'abord, et d'examiner ensuite les autres collectivement.

Art. 20 du projet (*art. 23 de notre rédaction*).

L'art. 20 du projet de loi reproduit la disposition entière de l'art. 7 de la loi du 25 mai 1838 avec la seule substitution du chiffre de 500 francs, proposé comme taux de la compétence ordinaire, au chiffre de 200 francs, taux actuel. Nous proposons d'apporter deux modifications à cet article, afin d'en rendre le texte plus clair.

Premièrement. — Pour que le juge de paix connaisse des demandes reconventionnelles et des demandes en compensation, notre article exige que ces demandes soient, par leur nature *ou* par leur valeur, renfermées dans les limites de sa compétence. Assurément, le législateur a voulu dire qu'il ne suffirait pas qu'une telle demande n'excédât pas 500 francs (taux de l'art. 13), qu'il faut encore qu'elle n'ait pas, par exemple, un caractère commercial, car, dans ce cas, et quel que fût son chiffre, le Tribunal de commerce aurait seul juridiction pour en connaître. Il est donc évident que le mot *ou* ne rend pas l'idée d'une manière exacte, et que dès lors ce mot doit être remplacé par l'expression *et*. En effet, la compétence du juge de paix ne peut exister qu'autant que la demande réunit à la fois les deux conditions : *nature* ET *valeur*.

Secondement. — Ledit article ajoute que cette compétence existe alors même que, dans les cas prévus par l'art. 13, les demandes dont il s'agit, réunies à la demande principale, *s'élèveraient au-dessus de 500 francs*. Le vœu de la loi, extrêmement facile à saisir d'ailleurs, a été que la demande reconventionnelle et la demande principale ne soient pas cumulées, qu'on n'ait point égard au total de l'une et de l'autre ; qu'enfin chacune soit appréciée séparément pour la fixation de la compétence. Mais alors pourquoi, en parlant de la réunion des demandes, se référer exclusivement au type de compétence de l'art. 13, c'est-à-dire au taux de 500 francs ? Ces expressions ne sont que démonstratives, sans doute, et la disposition dont il s'agit est nécessairement applicable aussi aux divers cas où la juridiction des juges de paix est plus étendue, dès l'instant qu'aucune des demandes n'excède les limites de cette juridiction.

Ainsi, Jean réclame de Pierre une somme de 1,200 fr. pour loyers (art. 15), et Pierre demande reconventionnellement à Jean le paiement de 200 francs pour prêt (art. 13), et de 600 francs pour perte d'effets (art. 14). Le juge de paix connaîtra de toutes ces demandes, bien que, par leur réunion, elles s'élèvent au chiffre total de 2,000 francs, car chacune d'elles, prise isolément, comme le veut l'art. 20, n'excède pas les limites de sa juridiction dans chaque ordre de compétence auquel elle appartient.

Ainsi encore, supposons que la demande principale ait pour objet la réparation d'un dommage aux champs, et que la demande reconventionnelle soit relative à des réparations locatives, le juge de paix est compétent pour statuer sur ces deux demandes, quelle que soit leur importance totale, fussent-elles même indéterminées, puisqu'aux termes de l'art. 17, il peut prononcer sur chacune d'elles à quelque valeur qu'elle puisse s'élever.

Les modifications que nous proposons d'apporter au texte nous paraissent être de nature à prévenir désormais toute difficulté d'interprétation.

L'article que nous examinons contient une disposition finale qui attribue au juge de paix, à quelques sommes qu'elles puissent monter, la connaissance des demandes reconventionnelles en dommages-intérêts exclusivement fondées sur la demande principale elle-même.

Or, quand l'action principale n'est pas renfermée dans les limites du dernier ressort, nul doute que le juge de paix ne puisse statuer qu'à charge d'appel (voir ci-après l'art. 21 du projet), non-seulement sur cette action, mais aussi sur la demande reconventionnelle elle-même, encore que cette demande n'excède pas le taux du dernier degré de juridiction. Aucune difficulté ne saurait exister, non plus, quand chacune des deux demandes est placée dans les mêmes limites : le jugement est en dernier ressort. (Voir ledit article 21.)

Mais que doit-on décider quand la demande reconventionnelle seule dépasse le taux du dernier ressort ?

Cette question divise les commentateurs de la loi du 25 mai 1838, dont notre article reproduit l'art. 7, ainsi que nous l'avons dit. Les uns, au nombre desquels figurent Curasson et Benech, ont soutenu que la disposition de l'art. 2 de la loi du 11 avril même année, sur la compétence des tribunaux civils d'arrondissement, portant qu'il serait toujours statué en dernier ressort sur les demandes reconventionnelles en dommages-intérêts, dont nous nous occupons ici, lorsque la demande principale est renfermée dans la limite du dernier degré de juridiction, devait être sous-entendue dans la loi du 25 mai, et que, dès lors, et de même que devant les autres tribunaux, ces demandes doivent, en justice de paix, suivre le sort de la demande principale, dont elles ne sont que l'accessoire. Mais cette doctrine, que repousse la disposition générale de l'art. 21, que nous allons prochainement examiner, combattue par d'autres autorités en tête desquelles il faut placer M. Duvergier, *Collect. des Lois, année 1838*, a été consacrée par deux arrêts de la Cour de cassation, des 6 juin 1847 et 27 juillet 1858.

Il serait donc difficile de ne pas repousser péremptoirement l'opinion émise par Curasson et Benech. Néanmoins, en présence d'un texte qui a pu donner naissance à la controverse, et égarer deux jurisconsultes éminents, il semble utile de modifier ce texte dans le sens de la doctrine qu'à bon droit la jurisprudence de la Cour suprême a fait prévaloir.

Art. 21 et 22 du projet (*art. 24, 21 et 22 de notre rédaction*).

Les articles 21 et 22 du projet de loi, à part la seconde disposition de celui-ci, qui est entièrement nouvelle, reproduisent identiquement les articles 8 et 9 de la loi du 25 mai 1838.

Ces deux articles établissent, pour le jugement des demandes multiples et collectives, des règles différentes et qui ont été vivement critiquées par les commentateurs de cette loi. Nous les réunissons dans notre examen dans le but de démontrer mieux combien sont contradictoires des dispositions qui devraient être la consécration d'un même principe.

On a vu que, suivant l'article 21 (notre article 24), pour fixer la compétence en premier comme en dernier ressort, chacune des demandes principales, reconventionnelles ou en compensation, doit être appréciée isolément, sans qu'il faille avoir égard à la valeur totale que leur réunion peut présenter. Or, remarquons que la loi dit : *demandes principales*, au pluriel, *reconventionnelles* au pluriel. Il semble donc bien résulter de ce texte, non-seulement qu'une demande principale, lorsqu'il n'en est formé qu'une seule, et la demande reconventionnelle qui y est opposée, doivent être appréciées indépendamment l'une de l'autre, mais que cette appréciation isolée doit avoir lieu également, quel que soit le nombre des demandes reconventionnelles, et le nombre des demandes principales, s'il en a été formé plusieurs ; c'est-à-dire que, pour reconnaître et déterminer la compétence, on ne doit pas plus totaliser, entre elles, soit les diverses demandes principales, soit les diverses demandes reconventionnelles, qu'on ne doit réunir une ou plusieurs demandes reconventionnelles à une ou à plusieurs demandes principales auxquelles elles sont opposées.

Eh bien ! ces règles, en tant du moins qu'elles s'appliquent aux demandes principales, sont détruites par la première disposition de l'article 22 du projet (notre article 21). En effet, suivant cette disposition, quand plusieurs demandes sont réunies dans une même instance, le juge de paix ne peut prononcer qu'à la charge de l'appel, si la valeur totale de ces demandes excède le taux du dernier ressort, lors même que quelqu'une serait inférieure à ce taux, et ce magistrat est incompétent sur le tout dès l'instant que la valeur des demandes réunies dépasse les limites de sa juridiction, encore bien que chacune d'elles ou que l'une ou plusieurs d'entre elles soient renfermées dans ces limites.

Ainsi, d'après l'article 21 (notre article 24), c'est la valeur de chacune des demandes prise isolément qui règle la compétence, soit en premier, soit en dernier ressort, tandis que, suivant l'article 22 (première disposition), cette compétence est au contraire déterminée par la valeur totale que présente leur réunion.

Plusieurs exemples, que nous allons citer, feront mieux ressortir la contradiction choquante qui existe entre les deux dispositions. Pour éviter la confusion, nos chiffres appartiendront tous au taux de la compétence ordinaire limitée (article 13) :

Application de l'art. 21 du projet.	*Application de l'art. 22 du projet (1re disposition).*
PREMIER EXEMPLE :	PREMIER EXEMPLE :
	Deux demandes principales :
Une demande principale............ 150 fr.	Première demande................. 150 fr.
Une demande reconventionnelle...... 150 »	Deuxième demande................. 150 »
Total............ 300 fr.	Total... .... 300 fr.

<table>
<tr><td>Le jugement qui intervient sur ces deux demandes n'est pas susceptible d'appel, bien que le total dépasse la limite du dernier ressort, parce que chacune d'elles est renfermée dans cette limite.</td><td>Bien que chacune de ces deux demandes soit renfermée dans la limite du dernier ressort, le juge de paix ne statuera sur toutes deux qu'à charge d'appel, parce que leur valeur totale dépasse cette limite.</td></tr>
</table>

DEUXIÈME EXEMPLE :

Deux demandes principales.		Deux demandes reconventionnelles.	
1°.....	150 fr.	1°.....	150 fr.
2°.....	150 »	2°.....	150 »
Total..	300 fr.	Total..	300 fr.

Bien que le total de toutes les demandes *réunies* s'élève à 600 francs, le juge de paix a compétence pour en connaître, parce que chacune de ces demandes est renfermée dans les limites de cette compétence, et même il statuera sans appel, parce qu'il n'en est aucune qui excède le taux du dernier ressort.

TROISIÈME EXEMPLE :

Trois demandes principales.		Trois demandes reconventionnelles.	
1°.....	150 fr.	1°.....	150 fr.
2°.....	200 »	2°.. ..	200 »
3°.....	200 »	3°.....	300 »
Total..	550 fr.	Total..	650 fr.

1,200 fr.

Dans cette hypothèse, les seules demandes principales excèdent, par leur réunion, le chiffre de 500 francs. Cependant le juge de paix a compétence pour prononcer sur le litige, bien qu'à ces demandes se trouvent jointes trois demandes reconventionnelles dont la valeur totale, elle aussi, dépasse également 500 francs, et cela parce que chacune d'elles, prise isolément, est renfermée dans les limites de la compétence. Mais le juge de paix ne statuera qu'à la charge de l'appel sur toutes les demandes, car la valeur de l'une d'elles (300 francs) est supérieure au taux du dernier ressort.

DEUXIÈME EXEMPLE :

Trois demandes principales :

Première demande..................	150 fr.
Deuxième demande.................	200 »
Troisième demande.................	200 »
Total.............	550 fr.

Dans cette hypothèse, chacune des demandes est renfermée dans les limites de la compétence, et même dans celles du dernier ressort. Cependant le juge de paix ne peut connaître du litige, même à charge d'appel. Il est incompétent à l'égard de toutes ces demandes, parce que leur réunion totale dépasse le chiffre de 500 francs.

Nous croyons avoir pleinement démontré la contradiction existante entre les dispositions qui sont en ce moment l'objet de notre examen, contradiction qu'il est facile de faire disparaître en revenant à l'uniformité des principes, en adoptant comme règle unique pour déterminer la compétence dans tous les cas de demandes multiples, soit la valeur de chacune de ces demandes prise isolément, comme le veut l'article 21, soit la valeur de toutes, comme le prescrit l'article 22. Mais, auquel de ces deux systèmes la préférence doit-elle être donnée ? Au premier, évidemment.

En effet, quel inconvénient y a-t-il à investir les juges de paix du pouvoir de statuer par un même jugement sur plusieurs demandes, dont chacune est de sa compétence, et sur lesquelles il eût pu être appelé à prononcer séparément et par des décisions distinctes et successives ? Aucun. Du reste, la réunion de diverses demandes dans une même instance, autorisée qu'elle est par l'article 8 de la loi actuelle, a été expérimentée depuis plus de trente ans et a toujours produit ce résultat excellent d'accélérer la solution des litiges, d'amoindrir considérablement les frais de poursuite, de jugement et d'exécution, et d'éviter aux parties des déplacements toujours onéreux.

La première disposition de l'article 22, dont nous demandons énergiquement la modification, est, comme nous l'avons dit, la reproduction textuelle de l'article 9 de la loi du 25 mai 1838, lequel n'a été introduit dans cette loi qu'en vue d'empêcher que l'on ne soumît aux juges de paix des questions quelquefois difficiles sur la divisibilité ou l'indivisibilité des demandes, et des contestations sur la question préjudicielle de savoir si elles proviennent ou non de causes différentes, but qui n'a pas été atteint. Aussi le projet de loi ajoute-t-il audit article une seconde disposition (article 22 de notre rédaction) qui précisément attribue aux juges de paix la connaissance des demandes formées par ou contre plusieurs parties, même collectivement. C'est donc un motif de plus pour uniformiser le principe posé en l'article 21, ainsi que nous l'avons dit.

Enfin, et s'il en était besoin, un autre motif commanderait encore cette modification, c'est que l'application de l'article 9 de la loi de 1838 n'a cessé de donner lieu à de graves difficultés d'interprétation. On se rappelle ce texte : « Il (le juge de paix) sera incompétent sur le tout, si ces demandes excèdent, par leur réunion, *les limites de sa juridiction*, » texte identiquement reproduit par la première disposition de l'article 22 du projet de loi.

Si cette limite était toujours la même, c'est-à-dire si le taux de la juridiction n'avait qu'un type unique; par exemple, si la compétence était toujours limitée, soit à 200 francs (d'après le projet. 500 fr.), soit à 1,500 francs (2,000 francs, d'après le projet), ce serait bien simple; dès l'instant que la pluralité des demandes donnerait un total excédant 200 ou 1,500 francs (500 ou 2,000 francs, suivant le projet), le juge de paix devrait se dessaisir du litige qu'à tort on lui aurait soumis.

Mais, on l'a vu, tantôt la compétence s'arrête à 200 francs, tantôt elle atteint le chiffre de 1,500 francs, tantôt enfin elle est illimitée.

Or, quand les diverses demandes réunies dans une même instance appartiennent à des ordres de compétence différents; par exemple, quand un hôtelier réclame d'un voyageur, en même temps que des dépenses d'hôtellerie, le remboursement d'une somme prêtée, quelle sera la limite extrême de la compétence : 1,500 fr. ou seulement 200 francs? Si, comme cela semble rationnel, on se décide pour le chiffre le plus élevé, à la condition, bien entendu, que la réclamation pour prêt n'excède pas 200 francs, la solution présentera cette bizarrerie, qu'à cette réclamation, atteignant déjà par elle même le chiffre maximum applicable à cet ordre de juridiction, l'hôtelier, auquel il était interdit d'y réunir une autre demande se rattachant au même ordre, ne s'élevât-elle qu'à 1 franc seulement, aura cependant pu y joindre une action en paiement de 1,300 francs pour dépenses d'hôtel, parce que cette action appartient à un type de compétence différent.

Les mêmes difficultés se reproduisent, et même avec plus de force, lorsque l'une des demandes est renfermée dans la sphère de compétence limitée à 200 fr. ou à 1,500 francs, et que le juge de paix a reçu de la loi le pouvoir de statuer sur l'autre, quelle que soit sa valeur. A une demande indéterminée à fin de réparations locatives, un propriétaire peut-il réunir une autre demande en dommages-intérêts pour dégradations et pertes ? Si, oui, que devient la règle d'après laquelle c'est la valeur totale des deux demandes qui détermine la compétence du juge de paix?

On le voit, l'anomalie, la contradiction, que nous avons signalées, doivent disparaître, et nous avons l'espoir que ce but serait atteint si le texte par lequel nous proposons de remplacer la première disposition de l'article 22 était adopté.

L'article 21 du projet de loi (notre article 24) contient une disposition finale que contenait déjà l'article 8 de la loi du 25 mai 1838, disposition d'après laquelle, lorsqu'à une demande principale de la compétence du juge de paix, le défendeur oppose une demande reconventionnelle ou en compensation qui excède les limites de cette compétence, le juge est autorisé, soit à retenir le jugement de la demande principale, soit à renvoyer, sur le tout, les parties à se pourvoir devant le tribunal civil d'arrondissement.

C'est là une disposition excellente qu'il importe de maintenir. Le législateur ne pouvait vouloir que, sous les apparences et la couleur d'une demande reconventionnelle, le défendeur pût à son gré retarder la décision sans motif réel ou entraîner son adversaire devant une autre juridiction. Il devait donc autoriser le juge de paix à conserver la connaissance du litige originaire. Mais, prévoyant le cas où le jugement de la reconvention pourrait exercer une influence plus ou moins considérable sur celui de l'action principale, il a dû vouloir aussi que le même Tribunal pût être appelé à prononcer sur l'une et sur l'autre réclamations. C'est pourquoi le législateur a investi le juge de paix de la faculté de se dessaisir entièrement. Ce magistrat, dans sa sagesse, examine, apprécie si, à raison des circonstances particulières de la cause et de la situation des parties, il doit statuer sur le litige originaire ou le renvoyer, en même temps que la demande incidente, devant le Tribunal.

Or, c'est une disposition analogue que nous proposons d'introduire dans notre article 21 (première disposition de l'article 22 du projet de loi), pour le cas où, parmi les demandes multiples formées contre un même défendeur, l'une de ces demandes excéderait les limites de la compétence du juge de paix.

Ajoutons, en terminant, que la seconde disposition dudit article 22, qui nous a paru devoir être l'objet d'un article particulier, a pour but d'ériger en loi un principe sur lequel, après de nombreuses fluctuations, la jurisprudence tend de plus en plus à se mettre d'accord, à savoir que, quand une demande est formée par plusieurs demandeurs ou contre plusieurs défendeurs, même collectivement et en vertu d'un titre commun, c'est la part afférente à chacun qui sert à déterminer la compétence et à fixer le degré de juridiction. C'est là encore une idée heureuse ; mais il nous semble que la disposition est incomplète en ce que, se bornant à faire connaître dans quels cas la décision sera rendue, soit en dernier ressort, soit à charge d'appel, elle omet de poser le principe même de la compétence, qui précisément était l'objet de la controverse. En outre, nous avons cru qu'il était utile d'ajouter à ces mots : « *en vertu d'un titre commun,* » ceux-ci : « *ou d'une cause commune.* »

TEXTES

Code de procédure civile.	Art. 24 du projet.	Art. 25. Rédaction proposée.
Art. 2. En matière purement personnelle et mobilière, la citation sera donnée devant le juge du domicile du défendeur ; s'il n'a pas de domicile, devant le juge de sa résidence.	L'action sera portée devant le juge de paix compétent à raison du domicile ou du lieu, conformément aux règles posées dans les articles 36 et suivants du présent Code (1).	L'action sera portée devant le juge de paix compétent à raison du domicile ou du lieu, conformément aux règles posées dans les articles 36 à 41 du présent Code (1).

(1) Voici le texte des articles 36 et suivants, auxquels il est renvoyé par l'article 24 du projet. (Ces articles sont placés au titre II, chapitre Ier, *De la compétence des tribunaux civils d'arrondissement*)

36. Le défendeur est, sauf les exceptions ci-après et sauf celles qui résultent de dispositions spéciales, assigné devant le juge de son domicile :
S'il n'a pas de domicile, devant le juge de sa résidence ;
S'il n'a ni domicile ni résidence connus, devant le juge du domicile du demandeur ;

Art. 3. Elle le sera devant le juge de la situation de l'objet litigieux, lorsqu'il s'agira : — 1° Des actions pour dommages aux champs, fruits et récoltes ; — 2° Des déplacements de bornes, des usurpations de terres, arbres, haies, fossés et autres clôtures, commis dans l'année, des entreprises sur les cours d'eau, commises pareillement dans l'année, et de toutes autres actions possessoires ; — 3° Des réparations locatives ; — 4° Des indemnités prétendues par le fermier ou locataire pour non-jouissance, lorsque le droit ne sera pas contesté, et des dégradations alléguées par le propriétaire.

Toutefois, dans les cas portés aux paragraphes 1 et 3 de l'article 14, le défendeur peut être assigné devant le juge de paix du lieu.

. . . .

Toutefois, dans les cas énoncés aux paragraphes 1 et 3 de l'article 11, le défendeur pourra être appelé devant le juge de paix du lieu.

OBSERVATIONS

Sur le paragraphe 1er.

Les règles de compétence territoriale auxquelles il est renvoyé par le premier paragraphe de notre article, sont celles tracées par les articles 36 à 42, au titre de la compétence des tribunaux d'arrondissement, qui remplacent les dispositions de l'article 59 du Code actuel. (V. ces articles ci-dessous en note.)

L'article 36 contient deux dispositions nouvelles. La première comble une lacune et ne fait d'ailleurs que consacrer par un texte formel un mode de procéder dont les nécessités de la pratique avaient depuis longtemps déjà imposé l'application. Désormais et lorsqu'il s'agira d'un défendeur, français ou étranger, n'ayant ni domicile ni résidence connus en France, aucun doute n'existera quant à la compétence : c'est devant le juge du domicile du demandeur que l'action devra être intentée.

Néanmoins, s'il s'agit de l'action en réparation d'un dommage, le demandeur peut aussi porter son action devant le juge du lieu où le dommage a été causé.

37. Le défendeur est assigné devant le juge de la situation de l'immeuble :
Si l'action a pour objet la revendication ou l'exercice d'un droit de propriété, de possession, d'usufruit, d'usage, d'habitation, de servitude ;
Si l'action, même personnelle, est dirigée contre le défendeur en qualité de détenteur d'un immeuble ;
Si l'action se rapporte à l'exécution d'un bail à ferme ou à loyer ;
Si elle est relative à la contenance ou à l'état d'un objet considéré comme immeuble, aux termes des articles 517 et suivants du Code Napoléon ;
Si l'immeuble, objet du litige, est situé dans plusieurs arrondissements (*), l'action est portée devant le tribunal dans le ressort duquel se trouve le chef-lieu de l'exploitation ; à défaut de ce chef-lieu, devant le tribunal de l'un de ces arrondissements (*), au choix du demandeur.

38. Entre associés, jusqu'à la liquidation terminée, l'action est portée devant le juge du lieu où la Société a son siège. L'action des tiers peut être également portée devant le juge du lieu où la Société a un établissement.

39. En matière de succession, les demandes entre héritiers, celles qui sont intentées par des créanciers du défunt, concernant les testaments, et toutes autres relatives à l'exécution des dispositions à cause de mort, lorsque ces demandes seront formées avant le partage, et, s'il s'agit d'une succession bénéficiaire, avant l'apurement des comptes, sont portées devant le tribunal du lieu où la succession est ouverte.

40. Sont portées devant le juge du domicile du failli les actions qui naissent de la faillite.

41. En matière de garantie ou de reconvention, l'action est portée devant le tribunal où la demande originaire sera pendante, à moins qu'il ne soit incompétent à raison de la matière.

42. En cas d'élection de domicile pour l'exécution d'un acte, la demande est portée devant le tribunal du domicile élu ou devant le tribunal du domicile réel du défendeur, conformément à l'article 111 du Code Napoléon.

(*) On conçoit qu'en ce qui concerne les affaires de justice de paix, le mot : *arrondissements* doit être remplacé par le mot : *cantons.*

La seconde disposition constitue une innovation qui ne manque ni d'importance ni d'utilité. Au cas où la réclamation a pour but la réparation d'un dommage, le demandeur a le choix de la soumettre, soit au juge du domicile, soit au juge du lieu où le dommage a été causé.

C'est surtout lorsqu'il s'agissait de réclamations dirigées contre une entreprise de transports, pour retards, perte ou avarie d'effets, notamment contre une compagnie de chemins de fer, qu'il était bien véritablement regrettable que la demande dût nécessairement être portée devant le juge du domicile de la partie défenderesse, c'est-à-dire devant le juge du lieu où l'entreprise a fixé son siége et son domicile social, et cela quelque minime que fût d'ailleurs l'importance de la réclamation. On réclamait donc très-énergiquement, aujourd'hui surtout que les chemins de fer ont, en réalité, le monopole du transport des personnes et des choses, l'intervention du législateur pour obtenir la modification, au point de vue qui nous occupe, des règles de la compétence territoriale, afin que les voyageurs ou expéditeurs notamment ne fussent plus astreints à l'obligation d'aller à des distances souvent considérables faire valoir leurs droits. Ce vœu a été entendu : l'éloignement du juge n'équivaudra plus désormais à une sorte d'impossibilité d'agir.

Du reste, la disposition est générale et s'applique à tous les cas où la demande a pour but d'obtenir la réparation d'un dommage souffert. Il peut arriver, et il arrive souvent, en effet, même dans d'autres matières, que la preuve du fait dommageable, et l'appréciation du préjudice qu'il a causé sont plus faciles et plus rapides là où ce fait s'est produit; il est donc rationnel et d'ailleurs conforme aux intérêts de la partie lésée de lui permettre de saisir de sa réclamation le juge du lieu où peuvent se trouver les éléments de preuve qui doivent servir à la manifestation de la vérité.

L'article 59 du Code de procédure actuel porte, dans son second alinéa, que, s'il y a plusieurs défendeurs, l'assignation doit être donnée devant le Tribunal du domicile de l'un d'eux, au choix du demandeur. Or, on se demande pourquoi cette disposition n'a pas été reproduite dans l'article 36 : ce ne peut être qu'une omission. Il est indispensable de la réparer.

Voici comment nous proposerions de rédiger l'article 36 du projet :

Art. 36. Le défendeur, sauf les exceptions ci-après, et sauf celles qui résultent de dispositions spéciales, sera assigné devant le juge de son domicile; s'il n'a pas de domicile, devant le juge de sa résidence; s'il n'a ni domicile ni résidence connus en France, devant le juge du domicile du demandeur.

S'il y a plusieurs défendeurs, la demande sera formée devant le juge du domicile de l'un d'eux, au choix du demandeur.

Néanmoins, s'il s'agit de l'action en réparation d'un dommage, le demandeur pourra aussi porter son action devant le juge du lieu où le dommage a été causé.

Les articles 37 à 41 ne donnent lieu à aucune observation. Quant à l'article 42, il attribue, conformément à la disposition de l'article 111 du Code Napoléon, au Tribunal du domicile élu pour l'exécution d'un acte, la connaissance des demandes auxquelles cette exécution peut donner lieu. En rendant ledit article 111 applicable en justice de paix, le législateur ne fait que consacrer, par une disposition formelle, un point de doctrine parfaitement constant.

Or, nous voudrions, nous, que l'application de la disposition de l'article 111 du Code Napoléon, et par conséquent celle de l'article 42 du projet actuel, ne fussent point étendues aux matières de justice de paix, à raison surtout du scandaleux abus que font du droit d'élection de domicile certaines compagnies d'assurances qui, à la faveur d'une telle stipulation, attirent leurs souscripteurs devant un juge de paix souvent fort éloigné du lieu de leur domicile, et cela pour des contestations ou des réclamations extrêmement minimes et qui se fussent infailliblement conciliées devant le magistrat local. Nous en dirons autant tout à l'heure de la prorogation de juridiction.

Sur le paragraphe 2.

Les cas auxquels se réfère le deuxième paragraphe de notre article sont relatifs aux contestations entre les voyageurs et les hôteliers, logeurs, carrossiers, etc. Désormais, la réclamation d'un hôtelier ou d'un aubergiste pour dépenses d'hôtel et frais de location, celle d'un carrossier ou autre ouvrier contre des voyageurs dont le domicile est quelquefois fort éloigné, pourront être formées devant le juge de paix du lieu où les fournitures ont été faites et les travaux exécutés. C'est une mesure bonne et utile, qui ne peut produire que d'excellents résultats.

TEXTES

Art. 7 du Code de procédure civile.	Art. 24 (3ᵉ paragraphe du projet actuel.)	Art. 26. Rédaction proposée.
Les parties pourront toujours se présenter volontairement devant un juge de paix; auquel cas il jugera leur différend, soit en dernier ressort, si les lois ou les parties l'y autorisent, soit à la charge de l'appel, encore qu'il ne fût le juge naturel des parties, ni à raison du domicile du défendeur, ni à raison de la situation de l'objet litigieux. La déclaration des parties qui demanderont jugement sera signée par elles, ou mention sera faite si elles ne peuvent signer.	Les parties pourront toujours se présenter volontairement devant un juge de paix, auquel cas il jugera leur différend, soit en dernier ressort, si les lois ou les parties l'y autorisent, soit à charge d'appel, encore qu'il ne soit le juge naturel des parties, ni à raison du domicile du défendeur, ni à raison de la situation de l'objet litigieux, ni à raison du chiffre de la demande. La déclaration des parties qui demanderont jugement sera signée par elles, ou mention sera faite qu'elles ne savent ou ne peuvent signer. L'appel, en ce cas, sera toujours porté au tribunal civil d'arrondissement dont la justice de paix ressortit.	Les parties pourront toujours se présenter volontairement devant un juge de paix; auquel cas il jugera leur différend, soit en dernier ressort, si les lois ou les parties l'y autorisent, soit à charge d'appel, encore qu'il ne soit le juge naturel des parties, ni à raison de la valeur de la demande, ni à raison du domicile du défendeur, ni à raison de la situation de l'objet litigieux. La prorogation de juridiction autorisée par le présent article ne sera valable qu'autant que la déclaration des parties qui demanderont jugement sera faite devant le juge lui-même et constatée par procès-verbal signé par elles ou contenant la mention qu'elles ne savent ou ne peuvent signer. L'appel des jugements rendus en premier ressort sur prorogation de juridiction, sera toujours porté devant le tribunal civil d'arrondissement auquel la justice de paix ressortit.

OBSERVATIONS

La disposition ci-dessus, destinée à remplacer l'article 7 du Code de procédure actuel, contient deux additions qui, à vrai dire, ne constituent ni l'une ni l'autre des innovations proprement dites, en ce qu'elles ne font que convertir en loi des principes que la jurisprudence a depuis longtemps consacrés.

Disons d'abord que l'importance de cette disposition est telle qu'au lieu d'être reléguée, comme le fait le projet, dans le troisième paragraphe d'un article qui n'est d'ailleurs relatif qu'à la compétence territoriale, elle mérite bien les honneurs d'un article distinct et particulier.

La première des additions dont nous venons de parler, est celle qui permet aux parties de proroger la juridiction du juge de paix *de quantitate ad quantitatem*, c'est-à-dire dans des matières qui échappent à sa compétence à raison de la valeur de la demande. L'article 7 du Code de procédure est entièrement muet sur ce point. Il est vrai que la jurisprudence, ainsi que nous l'avons dit, a comblé cette lacune ; mais, en présence d'un silence aussi complet du texte, peut-être est-il permis de critiquer des décisions qui, en définitive, ajoutant à la loi sous le prétexte de l'interpréter.

Quoi qu'il en soit, aucune difficulté ne pourrait désormais se produire à cet égard : la juridiction pourra être prorogée dans le triple but :

1° De rendre compétent un juge de paix autre que celui devant lequel l'affaire eût dû être portée, soit à raison du domicile du défendeur, soit à raison de la situation de l'objet du litige;

2° De rendre, soit ce juge, soit celui du domicile ou de la situation, compétent pour prononcer sur une demande dont la valeur est indéterminée ou dont le chiffre excède les limites de la compétence des juges de paix ;

3° D'autoriser, soit le juge naturel, soit le juge choisi, à prononcer souverainement sur des contestations dont la loi ne lui attribue la connaissance qu'à la charge de l'appel.

Nous proposons d'apporter au texte diverses modifications, et d'abord de placer en tête de ces trois cas de prorogation, celui qui est relatif aux demandes placées en dehors de la compétence à raison de la valeur; ensuite de remplacer par le mot *valeur* le mot *chiffre*, qui manque d'exactitude, car il est des demandes qui ne sont pas représentées par un chiffre ; par exemple, les demandes indéterminées, tandis que toutes ont une valeur, même celles-ci.

Mais il est une modification qui nous semble bien autrement importante. Cette modification est relative au mode de prorogation ou, pour dire mieux, à la forme que la prorogation doit revêtir pour produire effet. Le vénérable Henrion de Pansey, et après lui Curasson, dans leurs excellents écrits, enseignent que, nonobstant les termes dans lesquels est conçu l'art. 7 du Code de procédure civile, la prorogation de juridiction est valable lorsqu'elle résulte d'un acte quelconque par lequel les parties déclarent se soumettre *d'avance* à la décision d'un juge de paix, soit en dernier ressort, soit sauf l'appel, non-seulement sur une contestation déterminée, mais encore sur toutes celles qui pourraient surgir d'un contrat; et, suivant Curasson, il en serait ainsi alors même que la clause serait contenue dans un acte unilatéral, tel, par exemple, qu'un simple billet, et cela par le motif que le demandeur ne pourrait en poursuivre le recouvrement sans se soumettre lui-même à la juridiction stipulée dans l'acte.

Mais la doctrine ci-dessus nous paraît exagérer singulièrement le sens et la portée de l'art. 7 du Code de procédure civile. La loi, croyons-nous, a entendu parler d'un litige actuel, d'une contestation née, existante, non-seulement au moment de la comparution devant le juge, mais le jour même où la prorogation est consentie, et non de difficultés à naître ultérieurement et seulement possibles. Il faut qu'à l'instant où la convention intervient, les parties sachent quelle est la nature, l'importance du litige qu'elles entendent soumettre à sa décision. Bien plus, il nous semble résulter des termes comme de l'esprit de la loi que le consentement exigé pour que la prorogation soit valable ne peut être donné que devant le juge et constaté que par le magistrat lui-même. Cela ne ressort-il pas de ces expressions de l'art. 7 précité : *La déclaration des parties qui demanderont jugement sera signée par elles...* ? S'il en était autrement, si tout acte quelconque, même un sous seing privé, pouvait remplacer la déclaration reçue par le juge de paix lui-même, quelle garantie ce magistrat aurait-il qu'il ne s'agit point de cette clause banale qu'on introduit habituellement dans les contrats d'assurance, et que l'assuré signe le plus souvent sans réflexion, sans même qu'il lui en ait été donné lecture ? Quelle certitude aurait-il qu'une telle stipulation a été loyale et n'est le résultat d'aucune collusion, que les parties l'ont souscrite en parfaite connaissance de cause, qu'elles en ont accepté les conséquences parce qu'elles en ont compris la signification et la portée ?

De deux choses l'une : ou au moment de la comparution pour obtenir jugement, les parties sont d'accord pour soumettre au juge de paix la connaissance du différend, et alors rien ne s'oppose à ce que le consentement soit reçu et constaté dans la forme prescrite ; ou bien cet accord n'existe pas, et le juge ne peut statuer, car la partie qui conteste, à supposer même qu'elle se présente, ne comparaît plus spontanément, volontairement, ou tout au moins ne demande pas jugement, ainsi que le veut la loi.

En résumé, et malgré l'autorité qui s'attache à une opinion que nous avons l'habitude de respecter et de prendre pour règle, nous pensons qu'en présence de la disposition actuelle, la prorogation expresse de juridiction ne peut s'appliquer qu'à une contestation existante, à un litige connu, déterminé quant à son objet, au moment où les parties la consentent ; 2° que le consentement doit être reçu et constaté par le juge de paix lui-même, suivant un procès-verbal.

Néanmoins, cette difficulté, si délicate et si grave, n'a pas toujours été résolue par la jurisprudence d'une manière uniforme. Le Tribunal civil de la Seine, par exemple, a rendu plusieurs décisions contradictoires. Ceci démontre la nécessité de fixer par un texte précis un point de cette importance : la rédaction que nous proposons, et qui repousse toute clause compromissoire intervenue en l'absence de tout litige, et insérée dans un acte privé et même public rédigé hors la présence du juge de paix, atteindra pleinement ce résultat.

Nous passons à la seconde addition que contient l'article objet de notre examen, et qui consiste dans une disposition finale portant que l'appel des jugements sur prorogation sera toujours porté au tribunal civil d'arrondissement dont la justice de paix ressortit.

Ainsi que nous l'avons dit en commençant, cette disposition finale érige en loi ce principe déjà sanctionné par la jurisprudence, à savoir qu'en prorogeant en premier ressort seulement la juridiction d'un juge de paix, les parties prorogent nécessairement aussi, par voie de conséquence, celle du tribunal de second degré; de telle sorte que l'appel de la sentence sur prorogation doit être porté devant le Tribunal dans l'arrondissement duquel exerce ses fonctions le juge de paix qui l'a rendue, et cela alors même qu'en l'absence de prorogation, le Tribunal civil n'eût pu connaître de la contestation que comme juge de premier degré; par exemple, s'il s'agit d'un litige indéterminé ou excédant 1,500 francs de capital.

24471   Paris. — Imprimerie Bonet et Maulde, rue de Rivoli, 144.

OUVRAGES DU MÊME AUTEUR

Traité pratique de la compétence civile des Juges de paix, en matière contentieuse. — Paris, BOST, rue des Saints-Pères, 12, et A. DURAND, rue Cujas, 7. — Un trèsfort vol. in-8°, de plus de 700 pages................................... Prix : 8 fr.

Traité de la Police judiciaire, en matière de crimes et délits, dans ses rapports avec les attributions des Juges de paix, suppléants et autres officiers auxiliaires. — Paris, BOST, rue des Saints-Pères, 12. — Un vol. in-8°........................... Prix : 4 fr.

Traité de la Police du Roulage, dans ses rapports avec la compétence des tribunaux de simple police; de la constatation, de la poursuite et de la répression des contraventions; suivi de formules de Jugements et de procès-verbaux. — Paris, BOST, rue des Saints-Pères, 12, et DURAND, rue Cujas, 7. — Un fort vol. in-8°........................ Prix : 4 fr.

Supplément au Traité de la Police du Roulage. — Paris, BOST et DURAND. — Broch. in-8°... Prix : 50 cent.

Traité des Règlements et des Arrêtés administratifs; de leur effet et de leur sanction. — Paris, BOST, rue des Saints-Pères, 12. — Un vol. grand in-8°. Prix : 2 fr.

Des Mauvais traitements envers les animaux domestiques, et de leur répression. Explication de la loi du 2 juillet 1850, dite : *Loi Grammont.* — Paris, BOST, rue des Saints-Pères, 12. — Un vol. grand in-12................................. Prix : 1 fr.

De l'Émancipation, de la Tutelle et des Conseils de famille des mineurs étrangers en France. — Paris, BOST, rue des Saints-Pères, 12. — Broch. in-8°. Prix : 50 cent.

Recueil spécial des Jugements des Justices de paix, suivis d'observations et d'annotations. Publication mensuelle, contenant deux feuilles in-8°, paraissant le 15 de chaque mois depuis l'année 1864, par MM. BOST, avocat, ancien préfet, et GUILBON, juge de paix. — Prix annuel d'abonnement : *France et Algérie*, 9 fr.; Étranger, 11 fr., réduit à 6 fr. et à 7 fr. pour les abonnés au *Correspondant des Justices de paix*, recueil mensuel publié par M. BOST, avec la collaboration de M. GUILBON. — Bureaux d'abonnements à Paris, rue des Saints-Pères, 12.

28475   Paris. — Imprimerie RENOU ET MAULDE, rue de Rivoli, 144.